5·18
10일간의 야전병원

전남대학교병원
5·18민주화운동 의료활동집

전남대학교병원
CHONNAM NATIONAL UNIVERSITY HOSPITAL

5·18
10일간의
야전병원을 발간하며

윤 택 림
전남대학교병원 병원장

5·18민주화운동이 올해로 서른 일곱 해를 맞이했습니다. 5·18민주화운동의 기본 정신은 인간의 존엄성을 지키고 민주주의와 정의를 구현하고자 하는 것이었습니다. 이 숭고한 정신을 바탕으로 광주시민은 민주주의를 갈망하는 국민들과 함께 군부독재에 맞서 싸웠고, 결국 문민정부 수립의 원동력이 되었습니다.

이후 1995년에는 '5·18민주화운동 등에 관한 특별법'이 제정되었고 1997년에는 '5·18민주화운동'이 국가기념일로 지정되었으며 2011년에는 세계기록 유산에 등재되어 그 가치와 정신을 세계로부터 인정받게 되었습니다.

가해자는 법적인 심판을 받았고, 피해자는 국가유공자로 인정받았습니다. 하지만 발포 명령자, 헬기 기총소사 여부 등 중요한 진실은 밝혀지지 않았고, 되레 북한군 개입설 등 5·18 정신을 왜곡하고 폄훼하는 안타까운 상황이 지속되고 있어 5·18민주화운동은 아직도 끝나지 않았다고 할 수 있습니다.

　그러나 이 같은 일부의 폄훼 세력보다는 조용한 다수의 지지와 응원이 있어 광주시민은 더 큰 위로와 희망을 얻고 있습니다. 그래서인지 올해의 오월은 유난히 더 뜨겁게 달아오른 것 같습니다.

　그간 광주 시민을 비롯해 광주광역시와 관련 단체들이 펼쳐왔던 노력이 결실을 맺어가는 서른 일곱 해에 전남대학교병원에서는 가슴 속 깊이 묻어둔 채 미뤄왔던 오래된 숙제를 완료하게 되었습니다. 바로 5·18민주화운동 당시 부상당한 시민을 가장 많이 치료했던 전남대학교병원 의료진의 의료 활동을 정리한 것입니다.

　병원의 역사이면서 국내 현대사의 소중한 자료가 흐릿한 기억 속으로 사라지는 과오를 더 이상 방치할 수 없어 책 발간을 결심하게 됐습니다. 2016년 7월부터 증언자 선정과 자료 수집, 증언 청취, 원고 정리 등을 통한 10개월여 간의 발간 작업은 당시 근무했던 의료진 30명의 증언을 담아 드디어 '5·18, 10일간의 야전병원'이라는 제목으로 그 결실을 맺게 되었습니다.

　37년간 아픔을 참으며 소중하게 간직해 온 기억 속의 역사적 사실의 일부가 병원 밖의 세상으로 나오게 되었습니다. 지금까지 실행하지 못했던 5·18민주화운동 정리 사업을 추진할 수 있었던 것은 바로 당시에 병원에서 의료 활동을 펼쳤던 선배 의료인들의 독려가 있어 가능했습니다.

　오랜 시간이 흘러 정년을 맞이한 많은 직원 분들이 정들었던 병원을 떠나면서 가장 기억에 남는 일로 대부분 5·18민주화운동을 언급했습니다. 그

분들의 얘기는 병원장인 저에게는 더 이상 미루지 말고 5·18 병원 역사를 기록으로 남겨야 한다는 간곡한 당부로 여겨졌으며, 반드시 실행해야 할 과제로 들렸습니다.

이 책에는 지금은 세상을 떠나신 故 조영국 교수님을 비롯해 전·현직 교수님과 간호사님 등 30명의 기억을 기록해 놓았습니다. 해당 의료진들에 대한 증언 녹취 후 재작성, 직접 원고작성, 용역보고서, 자료집 및 의정활동 기고 등 다양한 형식으로 정리하였습니다.

내용에는 계엄군의 병원을 향한 사격 사실과 의료진 목격담, 병원에 실려온 환자들의 처참한 상태, 피 부족에 따른 시민들의 자발적인 헌혈 대열, 혼란 속에서도 일사불란한 응급실의 의료진, 10여 일간의 병원 생활 등이 자세히 담겨져 있습니다.

이 책을 통해 당시 계엄군의 진압 방식과 잔혹성, 사격사실 여부, 행정부재 상태의 시민들의 질서의식, 10여 일간의 도시 분위기 등을 다시 한번 확인하게 되었습니다. 또한 처참한 상태로 실려온 가족과 같은 환자들을 보면서 충격과 분노를 삼키며 한명의 생명이라도 더 살리기 위해 본연의 업무에 충실했던 의료진의 인간적인 고뇌를 실감할 수 있었습니다.

이같이 37년을 가슴 속에 묻어뒀던 비통의 사실을 담은 이 책은 5·18민주화운동에 대한 역사적 자료이며, 확실한 진실규명을 위한 소중한 증언자료가 될 것입니다. 아울러 후세에는 두 번 다시 이러한 아픔이 반복되지 않기를 바라는 교훈이 되리라 생각합니다.

그리고 전남대학교병원 내부적으로는 107년 역사에 또 다른 한 페이지를 장식해 전남대학교병원 구성원이라면 뿌듯한 자부심을 갖게 되는 계기가 될 것입니다. 5·18 당시 의료활동을 기록한 책은 지난 1996년 광주광역시의사회가 펴낸 '5·18 의료활동'에 이어 두 번째이며, 단일 병원으로서는 전남대학교병원이 처음이라는 의미가 있습니다. 이번 '5·18, 10일간의 야전병원'을 보면서 선배 의료진의 오래된 아픈 상처를 다시 기억하게 했다는 무거운 마음과 함께 미뤄왔던 먼지 쌓인 숙제를 해결했다는 뿌듯함이 동시에 밀려옵니다. 다시 한번 책 발간을 위해 흔쾌히 증언에 수락해주신 선배 의료진 여러분들께 감사의 말씀 올립니다. 아울러 힘든 과정에도 끝까지 발간 작업을 성공적으로 마무리한 발간위원과 감수위원, 실무소위원 그리고 귀중한 사진 자료를 제공해 주신 나경택 전 연합뉴스 광주·전남지사장님, 책 표지를 써주신 강병인 작가님께 진심으로 감사드립니다. 그리고 묵묵히 발간 작업을 위해 힘써 준 전남대병원 홍보실 직원 여러분들에게도 감사의 말씀 드립니다.

못 다한 말, 못 다한 기록

정 병 석

전남대학교 총장

다시 5월입니다. 지난 37년 동안 광주는 폭압과 굴절, 복원과 치유가 교차하며 여전히 새로운 미래를 모색하고 있습니다. '오월광주'가 아직도 현재진행형인 이유는 '헬기 기총소사', '발포명령' 등 규명해야 할 진실이 남아있기 때문이요, 진실을 은폐하고 왜곡하며 '오월정신'을 폄훼하려는 세력들이 온존하기 때문입니다.

하지만 오월광주는 미래지향적일 수밖에 없습니다. 오월광주가 높이 들었던 자유와 평화, 민주와 인권의 가치는 온 인류가 끊임없이 추구해야 할 궁극의 가치이기 때문입니다. 평화적인 촛불 민심으로 불의한 권력을 탄핵하고 헌법정신을 수호할 새로운 지도자를 선출하면서 우리는 다시 오월광주와 오월정신을 환기해 봅니다.

전남대학교병원이 5·18민주화운동 의료활동집 '5·18, 10일간의 야전병원'

을 출간하는 것은 오월광주를 복원하려는 노력의 결과물이 아닐까 생각합니다. 엄혹한 시기에 때로는 목숨을 걸고 헌신하신 의료진 선배님들의 육필증언이야말로 누구도 부정할 수 없는 '그날'의 진실이요, 오월광주의 참 모습일 것입니다.

오월광주의 중심에서 흰 가운 걸치고 피투성이 시민들을 살려내려고 동분서주하던 선배님들을 생각하면, 지금도 가슴이 벅차오릅니다. 오월정신은 전쟁터의 야전병원 같은 곳에서도 시민들의 생명을 지키고자 애쓰신 선배님들의 피와 땀, 눈물 속에서 피어난 것입니다. 그 '인도적 희생'이야말로 시공을 초월한 보편 가치의 실현이었다고 확신합니다.

오월광주는 전남대학교에서 시작되었고, 선배님들은 그 한복판에 서 계셨습니다. 긴 시간이 흐른 지금, 아픈 상처를 헤집어 그날의 참상을 증언해주신 용기에 존경의 마음을 전합니다. 독버섯처럼 자라나는 불의를 향해 다시 한 번 '정의의 메스'를 든 선배님들께 박수를 보냅니다.

선배님들의 높고 큰 뜻은 후배들에게 자긍심(Pride)이 되어 미래의 희망(Hope)으로 활짝 피어오를 것입니다. 정의롭고 행복한 세상을 밝혀줄 희망의 불빛이 되어줄 것입니다.

전남대학교병원의 5·18민주화운동 의료활동집 '5·18, 10일간의 야전병원'의 발간을 진심으로 축하하며, 이 숭고한 기록이 역사의 교훈으로 남기를 기원합니다.

'5·18'의 역사는
여전히 현재 진행형

윤 장 현
광주광역시장

5·18민주화운동 37주년을 맞아 전남대학교병원 의료인들이 의료활동집을 발간하게 된 것을 뜻 깊게 생각하며, 이를 위해 수고하신 모든 분들께 감사를 드립니다.

안타깝게도 우리에게 '5·18'의 역사는 여전히 현재 진행형입니다. 최근 전일빌딩에서 헬기사격으로 추정되는 탄흔이 발견되고, 수많은 목격자들의 증언이 잇따르고 있지만 정작 총을 쏘았다는 사람은 없습니다. 37년이 지난 지금까지도 최초의 발포명령자가 밝혀지지 않고 있습니다.

그런 가운데 전두환은 "나도 5·18 피해자"라고 회고록을 냈습니다. 우리가 깨어있지 않으면, 역사를 바로 잡지 않으면 역사는 끊임없이 왜곡되고 폄훼될 것입니다.

이런 중 전남대병원의 오월 역사 정리는 매우 의미있는 일입니다. '5·18,

'10일간의 야전병원'은 광주정신을 지켜냈고, 인간 존엄의 가치를 지켜냈습니다. 당시 계엄군 총칼의 협박 속에서도 굴하지 않고 단 한 명의 생명이라도 살리기 위해 애썼던 의료인들의 헌신은 오늘날 우리의 공동체 속에 그대로 녹아들어 있습니다. 단 한 사람도 버려지지 않는 공동체 실현의 정신이 되었습니다.

저 또한 그 당시 조선대병원에서 주치의로 근무하고 있었기 때문에 이 책의 주인공들의 심정을 누구보다 잘 이해합니다. 누군가 '1980년 5월 당신은 무엇을 했습니까' 묻는다면 우리는 망설임없이 '광주 시민의 주치의로서 최선을 다했다'고 대답할 것입니다.

기억하고 기록하는 것이 곧 힘입니다. 기억의 조각들이 엮여져 진실을 규명하고 자랑스러운 역사를 완성할 것입니다. 이 귀한 일에 참여해주신 의료인들에게 깊은 감사를 드립니다. 또 선배 의료인의 뒤를 이어 묵묵히 같은 길을 걷고 있는 후배 의료인들에게 존경과 경의를 표합니다.

의료진 땀과 열정 스민
살아있는 역사교과서

차 명 석

5·18기념재단 이사장

5·18 당시 헬기에서의 사격이 사실로 확인되면서 5·18민주화운동의 진실규명에 대한 요구가 다시 뜨거워지고 있습니다. 이런 가운데 5·18 당시 의료인들의 활동을 담은 책이 발간된 것을 진심으로 축하드립니다.

5·18민주화운동은 학살 주범에 대한 재판과 사법처벌까지 이루어졌지만 발포책임자도 규명하지 못하는 등 진실규명까지는 가야할 길이 멉니다. 다행히 5·18 정신계승을 위한 노력이 꾸준히 이어져 1997년에는 5월 18일이 국가기념일로 지정되었고, 2011년에는 5·18민주화운동기록물이 유네스코 세계기록유산으로 등재되었습니다. 등재된 기록물은 총 42,171권, 85만 8,904페이지에 이르고 사진과 영상, 증언, 유품 등도 포함되어 있습니다.

특히 이 가운데 눈에 띄는 것은 피해자들의 병원치료 기록으로 계엄군과 경찰의 가혹행위, 고문 등에 의해 죽임을 당하고 부상을 입은 시민과 학생들의 병원 진료기록부, 병상기록부 등이 주류를 이루고 있습니다. 5·18민주화운동을 조명하는데 병원이 중요한 부문을 차지하고 있음을 보여주는 구체적인 사례입니다.

하지만 아쉬움도 있었습니다. 진료기록이나 병상기록은 시민과 학생들의 피해사실을 규명하는데 소중한 자료이지만 정작 이들을 치료하고 기록을 남겼던 병원 의사나 간호사의 생생한 이야기는 없었기 때문입니다.

이런 상황에서 때마침 전남대학교병원에서 당시 환자를 치료했던 의사와 간호사의 육성을 담은 5·18민주화운동 의료활동집 '5·18, 10일간의 야전병원'을 펴내어 그 공백을 메울 수 있게 되어 다행입니다. 책은 전남대학교병원 의료진들이 광주와 시민을 위해 어떤 역할을 했는지를 보여주는 소중한 기록이라는 점에서 의미가 큽니다. 관계자들의 땀과 열정에 대해 고개를 숙입니다.

계엄군 사이를 뚫고 병원으로 출근한 의사와 간호사, 총을 맞고 피를 흘리는 환자를 살리기 위해 최선을 다했지만 숨을 거두자 가슴 아파하는 모습을 통해 전남대병원 의료진들의 인간존중, 생명존중 정신을 읽을 수 있었습니다. 환자를 병원으로 옮기는 시민의 안전을 위해 흰 가운을 입혀주고, 군인들의 강압적인 수색을 거부하며, 환자의 정상적인 식사공급을 위해 의료진의 양을 줄이고, 수액이 부족하다는 소식을 듣고 병실 환자들이 자신들의 약을 응급실로 보내는 이야기 등 어느 것 하나 놓칠 수 없는 내용들입니다. 의료진들이 5·18트라우마를 겪게 되었다는 대목에서는 눈물을 참기 힘들었습니다.

다시 한 번 '5·18, 10일간의 야전병원'을 펴낸 당시 의료진과 병원 관계자의 노고에 진심으로 감사드립니다.

목 차

전남대학교병원 5·18민주화운동 의료활동

1980.05.18-05.27

일러두기

- 전문용어, 외래어는 국립국어원 표기법에 따르는 것을 기본으로 옮겼으나
  국내에 통용되고 있는 고유명사의 경우 이를 우선으로 적용했다.
- 사투리 등의 지역방언은 문체 고유의 특성을 살리기 위해 그대로 적용했다.
- 5·18민주화운동은 5·18로 기재 되었다. 단, 문맥상 '광주 사태' 또는 '사태' 등으로 표기 된 부분도 있다.
- 전남대학교 의과대학 부속병원은 전남대학교병원 또는 전남대병원으로 기재 되었다.

전남대학교병원
5·18민주화운동 의료활동

이 책은 지금은 세상을 떠나신 故 조영국 교수님을 비롯해 전·현직 교수님과 간호사님 등 30명의 기억을 기록해 놓았습니다. 해당 의료진들에 대한 증언 녹취 후 재작성, 직접 원고작성, 용역보고서, 자료집 및 의정활동 기고 등 다양한 형식으로 정리하였습니다.

37년을 가슴 속에 묻어뒀던 비통의 사실을 담은 이 책은 5·18민주화운동에 대한 역사적 자료이며, 확실한 진실규명을 위한 소중한 증언자료가 될 것입니다. 아울러 후세에는 두 번 다시 이러한 아픔이 반복되지 않기를 바라는 교훈이 되리라 생각합니다.

01 조영국	05 김현종	09 서순팔	13 조석필	17 문웅주	21 손민자	25 윤혜옥
02 노성만	06 유경연	10 오봉석	14 김승호	18 류재광	22 김영옥	26 노은옥
03 김신곤	07 정종길	11 김영진	15 정성수	19 유용상	23 이윤민	27 심재연
04 박영결	08 송은규	12 박중욱	16 조백현	20 김안자	24 이진숙	28 조기학 외 2인

© 나경택

1980년 전남대학교병원 건물 배치도 ▼

1. 구 본관
2. 본관
3. 본관부속건물
4. 간호원기숙사
5. 핵치료실
6. 제 9 병동
7. 창고
8. 창고
9. 제 7 병동, 숙소
10. 격리병동(결핵환자)
11. 제 8 병동
12. 세탁장
13. 영안실
14. 정문수위실
15. 운전기사실
16. 의과대학 강의실
17. 간호전문대학
18. 간호전문대학 강당

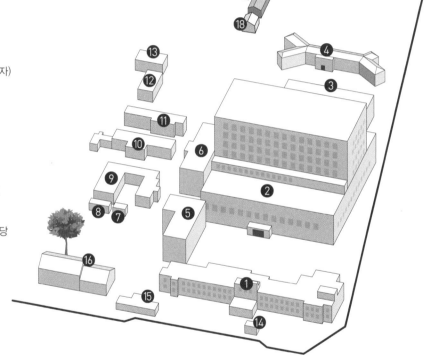

1980년 전남대학교병원 전경

1980년 전남대학교병원 구 본관

1980년 전남대학교 의과대학 정문

1980년 전남대학교병원 본관 층별 용도 ▼

옥상
12층
11층
10층
9층
8층
7층
6층
5층
3층
2층
1층

- 지하 1층: 약국, 중앙소독공급실, 기계실
- 1층: 외래진료실, 응급실, 약국, 수납, 매점
- 2층: 외래진료실, 임상병리과, 방사선과, 행정부
- 3층: 수술실, 분만실, 중환자실, 신생아실, 마취과
- 5층~11층: 병동(병동약국, 수납)
- 12층: 기계실, 도서실, 강당, 교환실
- 옥상: 물탱크실, 승강기, 기계실

1980년 5·18민주화운동관련 주요 지점 ▼

전남대학교
↑
🚉 광주역
담양 ↑
일신방직
광주1공장
광주교육대학교
임동
오거리
구 유동삼거리
광주고등학교
구 계림파출소
교보생명
공용버스터미널
계림
오거리
서구청
광주국군병원
금
남
로
산수
오거리
광
주
천
카톨릭센터
동부경찰서
정동
교차로
전일빌딩
광주공원
YMCA
상무관
구 광주여고
구도청
동구청
유적십자병원
남동성당
의과대학
사직공원
오거리
조선대학교
전남대학교
병원
구 남광주역
조선대학교
병원
광주기독병원
화순 ↓
남구청

민족민주화성회

계엄군의 과잉 폭력 진압

광주를 점령한 계엄군

5월 27일 도청진압 작전 시 부대이동 상황 ▼

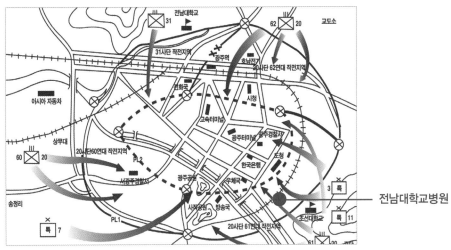

출처: 민주장정 100년, 광주·전남지역 사회운동 연구

1980년 5·18민주화운동 당시 발행된 신문 ▼

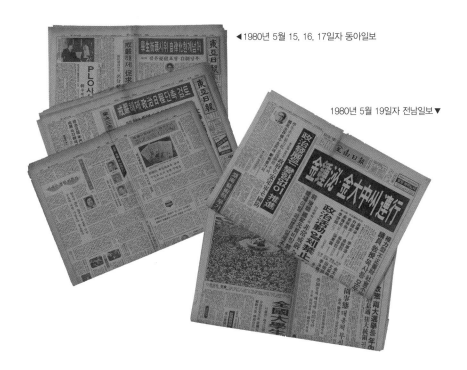

◀1980년 5월 15, 16, 17일자 동아일보

1980년 5월 19일자 전남일보▼

01

5·18민주화운동 당시
전남대학교병원장의 회고

故 조 영 국
1980년 당시 전남대학교병원 병원장

  5·18민주화운동 당시 중상환자가 약 1백 50여 명이고 경상자까지 포함하면 3백여 명 정도가 부상환자로 전남대병원에 왔다. 80년 5월 21일에 가장 많은 환자가 들어왔고 그날부터 4일 정도 병원에서 숙식을 하였다. 잠자리는 당시 외과 과장을 겸임하고 있어 진료실에서 해결하였다. 피가 부족할 것으로 생각되어 채혈을 발표하자 병원 부근의 많은 시민들이 자진해서 헌혈했다. 약품은 병원에 있던 것뿐만 아니라 시내 약국에서도 가져와 썼다. 부상환자가 몰려 올 땐 밤 새워 수술을 했다.

  21일 오후 6시경, 군인들이 학동쪽으로 퇴각하면서 병원에 총을 갈기고 갔다. 내 방에도 한발이 날아와 박혔다. 그 순간 나는 직원 4명과 함께 원장

이 글은 1996년 광주광역시의사회가 발간한 『5·18 의료활동』에 실린 글을 옮겼다.

실에서 이야기 하고 있었다.

　5·18 당시에 환자를 직접 만나 대화하지는 않았으나 응급실에 내려가 보니 각 과에서 모두 내려와 열심히 치료하고 있었다. 그중 뇌를 총에 맞아 치료받던 환자가 죽는 것을 보고 가장 마음이 아팠다.

　치료비는 처음 부상자들이 몰려올 때 가족들이 없어 무료 치료를 하고 나중에 종합해서 결정을 내렸다. 당시는 다른 정신이 없었고 우선 치료, 회복에 매달렸다. 치료도 각 과별로 수술팀이 구성되어 열심히 수술하고 치료했으며, 당시 모든 직원들이 헌신적으로 일한 것에 대해 지금도 고마운 생각이 든다. 또 병원 옥상에 기관총을 설치해 놓아 화를 막으려고 애쓴 기억이 난다.

　병원 급식 문제가 상당한 걱정거리였으나 다행히 기간이 짧아 원활한 공급을 할 수 있었다. 만약에 장기적으로 진행되었다면 환자들과 보호자들의 고통은 물론 병원 운영에 차질을 빚었을 것이다.

　관계기관에서 병원으로 환자들을 조사하러 한두번 왔으나 공식적으로 입원환자를 데려가지는 않았다. 그 당시에는 생각보다 질서가 있었다. 일반 시민들도 사재기를 하지 않고 질서 있게 나눠 먹었으며 병원에서도 모든 면에서 질서가 잘 유지되었다.

　환자들이 몰리고 수술을 하는 사람이나 받는 사람 모두가 온몸이 피투성이가 되어 있었다. 특히 신경외과 환자가 많았으며 밤새도록 수술을 해 다리가 후들후들 떨리고 서 있을 수가 없도록 계속했다는 이야기를 많이 들었다. 수술할 의료진을 확보하기 위해 상당히 노력도 했지만 외과 계통은 숨 돌릴수 없는 상황이었다. 응급실과 복도, 중환자실 어디에고 환자는 눕혀 있었고 직원들도 아무 데고 누워 자곤 했다.

또 기존에 입원한 환자들을 보호하고 진료하는 일도 중요했다. 진료팀도 제대로 근무하지 않을까 걱정이 되기도 했다. 그러나 환자, 보호자, 진료팀 모두가 불안해하면서도 서로 돕고 최선을 다했다.

한번은 27일경 군인들 1개 소대가 병원에 들어와 위협을 하고 간 적이 있다. 당시 교직원 숙소가 11층에 있어 군인들이 진압하러 오는 걸 구경하고 있었던 모양이다. 그래서 군인들은 위협사격을 하고 병원에 들어와 확인해 보고 의사라고 하자 쳐다보지 말라고 말하고 돌아갔다. 11층까지 올라와 보고 갔는데 사실 무척 겁이 나는 상황이었다. 나중에 정부에서는 병원에서 헌신적으로 일한 진료의사에게 표창을 한다고 추천을 의뢰했다. 그래서 그 당시 가장 고생을 하며 수술을 많이 한 노성만 교수를 추천했으나 웬일인지 부적격하다는 통보가 왔다. 나중에 알고 보니 노교수의 식구 중 누군가 운동권에 있어서 공로자 표창을 받을 수 없었다고 전해 들었다.

입원실에는 환자들과 학생들이 섞여 있었다. 학생들이 은신처로 사용하기도 했으며 환자들을 도와 서로 잘 지냈다.

18일이 일요일이어서 식구들과 함께 화정동 큰 집에 갔다 오면서 도청 앞에서 난리가 난 것을 알고 마음속에 어느 정도 준비를 하고 병원에 출근했으나 막상 그렇게 심하게 일이 진전될 지는 몰랐다.

지금 생각해보아도 10일 정도 선에서 끝났기에 망정이지 조금 더 지속되었다면 결국 아수라장이 되었을 것이다. 사실상 5·18 당시 의사들이 헌신적으로 일했다고 후에 많은 이야기를 하고 했으나, 의사 본분으로 당연하다고 생각한다.

1980년 5월 19일 18시 35분,
최초로 김○○(19세, 남, 조대부고 3년생)이
복부에 총상을 입은 채 실려오다.

02

삶과 죽음의 틈새에서
'절망' 그리고 '희망'을 보았다

노 성 만

1980 – 전남대학교병원 정형외과 조교수
2017 – 전남대학교 의과대학 명예교수

노숙이나 다름없는 10일간의 병원 생활

1980년 5월 당시 나는 전남대학교병원 정형외과 조교수로 근무하면서 교육연구부장을 맡고 있었다. 지금은 진료처장이라든가 기획조정실장이라든가 하는 보직이 몇 가지 더 있지만, 그 당시에는 원장 아래 교육연구부장이라는 보직만 있었다. 당시 조영국 원장님이 계시지 않으면 전공의(인턴·레지던트)를 단속하고 의사를 단속하는 위치라고 할 수 있었다. 쉽게 말해서 원장 권한 대행쯤이라고 생각하면 될 것이다.

5·18민주화운동을 피부로 느끼게 된 것은 출근길이었다. 학생운동이 일어나기 시작하면서 출근하는 일부 직원이나 학생들이 군복을 입은 집단에 의

이 글은 2008년 한국의사 100년 기념재단의 「5·18민중항쟁 의료활동에 대한 재조명사업 연구 용역보고서」의 구술 녹취문을 구술자가 정리한 글이다.

해 검문을 받는 것을 보는 것이 흔한 일상이 되었다. 한마디 말이 잘못되면 그 자리에서 얻어맞기도 하고, 때로는 어딘가로 끌려가 조사를 받기도 했다. 당시에는 왜 그러는지 조차 알 수 없었다. 다만, 평상시와는 다른 일들이 5월 중간에 일어나고 있다는 것만 감각적으로 느낄 수 있었다.

당시 광주는 모든 연락망이 끊긴 상태였다. 가족과의 전화통화도 되지 않았고, 출퇴근할 수도 없었다. 거리는 사방이 막혀 있었기에 전남대병원에서 집이 있는 농성동까지 가려면 송정리 쪽으로 돌아가는 방법밖에 없었다. 막혀있지 않은 골목길을 이용해서 갈 수는 있었지만, 다시 돌아오기에는 어려운 현실이었다. 거리도 거리지만, 사방에 주둔해 있는 군인들과 시위현장이 위험천만했다. 가족이 걱정되지 않은 것은 아니었다. 하지만, 가족을 믿을 수밖에 없었다. 지혜롭다면 잘 피해 있을 거라 믿었다. 믿었기에 처음부터 작정하고 병원에 있을 수 있었다.

나 혼자 그런 것은 아니었다. 인턴과 레지던트, 다른 의사들 또한 집에 들어가는 것을 포기했고, 사태가 심각해지면서 들어갈 수 있는 여건도 되지 않았다. 1980년대 시절 의사들은 응급환자가 생기면 아무 데서나 자는 버릇이 있었다. 그래서 노숙 같은 병원 생활이 견디지 못할 정도는 아니었지만, 하루, 이틀 지나면 끝나겠지 했던 것이 조금 길어졌다. 5·18민주화운동이 어느 정도 안정되는 때까지 약 10일 가까이 병원에서 숙식을 해결해야 했다.

병원에 출퇴근하는 의사의 숙소가 있는 것은 아니었다. 나의 숙소는 집이지 병원이 아니었으니, 숙소라는 개념보다는 그냥 11층에 있는 코너 방에 침대를 가져다 놓고, 한 방에서 열 명이 자는 날도 부지기수였다. 매일 수술을 해야 하고, 수술이 끝나면 한밤중에 수술실에서 나와 겨우 11층 숙소로 돌아와 잠깐 잠을 청하는 일상이었다. 숙소에는 침대 말고는 아무것도 없었다. 먹을 것도 없을 뿐만 아니라 가장 기본적인 속옷이나 갈아입을 옷조차 없는 생활이었다.

그 당시 병원 앞에 살던 정형외과 전공의로 기억하는데 정확히 누군지는 모르겠지만, 그가 집에 다녀오면서 속옷이나 옷가지를 가져왔다. 일주일 동안 옷을 갈아입지 못해 힘겹던 차였다. 어찌나 고마웠던지 지금도 그날의 감격 아닌 감격이 생생하다.

그때 내가 해야 할 일은 진료만 할 수 있는 것은 아니었다. 인턴, 레지던트, 의사들의 안전에 대한 문제도 중요했다. 학교는 이미 휴교가 되어 학생들의 관리는 불가능했고, 4학년은 학교를 떠나 병원에서 나와 같이 생활하고 같은 일을 하고 있었다. 그들과 함께 아침에 일어나면 병원 주변 청소를 하고, 병원 전체를 둘러보고, 회진하고, 환자가 들어오면 수술하고, 수술했던 환자를 둘러보고, 어두워지면 하루의 뒤치다꺼리를 하고 올라가서 쉬고, 때로는 밤새 수술하는 날도 있었다. 그들은 5·18 당시 가장 가까이에서 환자들과 함께했던 중요한 인력들이었다.

그들과 함께 잘 수 있는 곳은 마련이 되었지만, 가장 힘겨운 것은 식사였다. 그때는 그냥 식사할 수 있으면 무엇이든 주어진 대로 먹었던 것 같다. 일반 환자들은 병원에 아예 오지 않았기에 환자의 식사는 이루어지지 않았다. 그때는 직원 식당도 없었다. 그렇기에 환자 급식 먹는 것처럼 먹기도 하고, 누군가 먹을 것이 있으면 같이 나눠 먹기도 했다. 그 뿐만 아니라 소쿠리에 주먹밥을 담아 아무 데서나 먹기도 했다. 그러다가 학교 운동장에 수혈을 위해 채혈하러 갈 때는 사람들이 먹을 것을 나눠주면 그것을 함께 먹기도 했다. 그렇게 병원생활은 노숙이나 다름없었다.

전시체제의 야전병원 같았던 전남대병원

5·18민주화운동 중 가장 끔찍한 사건은 시민을 향한 계엄군의 발포였다. 그 전에는 대부분 어떤 둔탁한 물질에 얻어맞아 두개골이 깨지거나 골절된 환자가 많았다. 그리고 '찢어지다'라는 말이 어려운, 날카로운 물체에 난도질

당한 환자들이 늘어났다. 자연스럽게 일반 환자는 줄어들었고, 마치 전시체제에 마련된 야전병원 같은 형태로 병원의 기능이 바뀌었다.

일반적으로 환자가 들어오면 접수하고, 돈을 계산하면 약을 주고, 처치를 해주는 것이 응급실의 관례였다. 그러나 점점 환자들이 늘어나면서, 이름을 알 수도 없고, 하나하나 차트를 작성할 시간적 여유도 없었다. 그저 환자를 구분하기 위한 수단으로 1, 2, 3, 4⋯ 등으로 번호를 써서 몸 어디가 되었든지 붙일 수 있는 곳에 붙였다. 그리고 그 곳에 처음 환자를 마주한 의사가 상박골 골절이라고 진단하면, 손이 어딘가 부러졌다면, 진단명을 써놓고 필요한 것들을 기재했다. 예를 들면, '수술 필요', '수혈 필요' 등으로 간략하게 적어놓으면, 간호사가 뒤를 따라가면서 할 수 있는 처치는 간단하게 했다. 그렇다고 필요한 약품을 간추려서 가져오는 것은 아니었다. 전쟁터에서 그러는 것처럼 최소한의 필요한 약품을 가지고 다니면서 최대한 활용하는 정도였다.

그렇다고 의사나 간호사들이 전쟁이나 전쟁과 비슷한 상황에 대한 대처법을 따로 교육을 받거나 하지 않았다. 병원 자체에 그런 매뉴얼도 갖추지 않았다. 일본 같은 경우는 대량전사자 관리라든가 하는 준전시체제의 교육이 있다. 지진이 잦은 까닭이다. 그러나 그 당시 우리나라에서는 상상도 할 수 없었다. 지진도 없을 뿐만 아니라, 원자탄이 터진 경험도 없었다. 그런 개념이 없으니 전시체제의 교육에 대해서는 무방비상태였다. 그런데도 어느 정도 익숙해진 의사들도 다수 있었다. 군대를 다녀오고, 군에서 군의관 경험한 의사들도 있었다.

그때 의과대학 4학년 학생들이 끼니도 거르면서 환자가 들어오는 순서대로 수술준비를 하고, 병실로 보내주기도 했다. 그들도 병원 일이 끝나면 나가는 것이 아니라 24시간 병원에서 자고 일하는 때였다. 마땅히 잘 곳이 없어서 바닥에서 자는 경우도 심심찮게 있었다.

5·18 초반, 즉 발포 전에는 시민이든, 계엄군이든 다친 이들은 모두 병원

에 왔었다. 그들이 누구든 의사는 다친 사람은 치료해야 하고, 생명을 살려야 할 의무가 있었다. 발포 후에 계엄군이 다쳤을 때 병원으로 오는 경우는 드물었다.

처음에는 시민의 타박상 환자가 많았다. 왜 맞는지 조차 모르고 깨지거나, 찢어지거나, 의식이 없는 채로 실려 오기도 했다. 그러나 21일 발포가 된 후는 총상 환자가 대부분이었다.

응급실은 아수라장이었다. 병원 로비 자체가 병동이 되어버렸다. 수술이 끝났다고 점잖게 병실로 옮기는 과정이 없었다. 수술 끝나면 병실로 올라가고 있거나, 복도 바닥에 눕혀 놓거나, 응급실 중심으로 비어 있는 자리는 그곳이 곧 병실이었다. 복도에서 주사를 놓거나, 드레싱을 하고 급박한 수술이 아닌 경우는 대부분 그 자리에서 모든 것이 진행되었다. 퇴원이라는 자체도 없었다. 치료가 끝나면 움직일 수 있는 사람은 그대로 병원을 나서면 그것이 퇴원이었다.

계엄군은 의사라고 예외는 두지 않았다. 신변의 위해를 받는 것은 당연한 일상이 되어 버렸다. 주변에서 많은 사람이 출퇴근길에 위협을 받았고, 아예 출퇴근을 포기하고 병원에서 지낸 이유도 그중 하나였다. 5월 18일 새벽 무차별 폭력으로 시작된 날부터 계엄군이 완전히 광주를 장악하는 날까지 의사들은 병원에 있었다. 업무 자체가 병원이었고, 수술이든 치료든 환자 돌보는 것으로 이미 지칠 대로 지쳐 있었으니, 밖에 나가는 일도 거의 없었다. 따라서 계엄군이 직접 병원 안으로 들어오지 않는 이상 마주하는 일은 없었다. 계엄군은 병원에 마음대로 들어오지 못했다. 병원에 시민군들이 총기를 갖추고 있다고 생각했던 모양이다.

다른 이들의 말에 따르면, 계엄군이 병원을 습격해서 시민군을 찾고, 최루탄도 던진 모양이다. 그러나 발포 후 수술실에 있는 시간이 많았기에 내 경험에는 없는 이야기다.

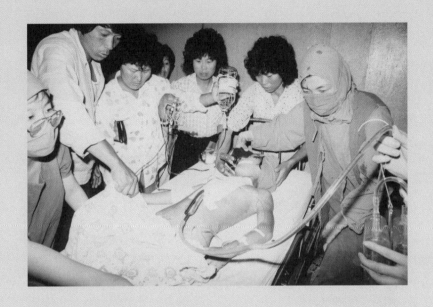

응급실은 아수라장이었다. 병원 로비 자체가 병동이 되어버렸다. 수술이 끝났다고 점잖게 병실로 옮기는 과정이 없었다. 수술 끝나면 병실로 올라가고 있거나, 복도 바닥에 눕혀 놓거나, 응급실 중심으로 비어 있는 자리는 그곳이 곧 병실이었다. 복도에서 주사를 놓거나, 드레싱을 하고 급박한 수술이 아닌 경우는 대부분 그 자리에서 모든 것이 진행되었다.

잠깐 한숨을 돌리고 있을 때 바라본 응급실은 전시체제의 야전병원이었다. 치열하게 삶과 죽음의 틈새에서 오늘을 살아보려 발버둥치는 사람들에게서 '절망' 그리고 '희망'을 보았던 것이다.

그때 당시에는 혹독한 절망 같은 것을 느꼈다. '이제 우리나라는 끝났다.' 라는 생각이 들 정도였다. 국민을 향해 이렇게 총질을 하고 어떻게 용서받을 수 있을까. 용서할 수 없다는 생각이었다. 모든 연락이 끊긴 상태에서 난 전국이 광주와 같은 상황인 줄 알았다. 광주만 전쟁터 같은 상황이라고는 생각하지 못했다. 그래서 '우리나라는 이제 여기서 끝이다.'라는 생각마저 했다. 잠깐 한숨을 돌리고 있을 때 바라본 응급실은 전시체제의 야전병원이었다. 치열하게 삶과 죽음의 틈새에서 오늘을 살아보려 발버둥 치는 사람들에게서 '절망' 그리고 '희망'을 보았던 것이다.

병원을 향한 총성

당시 병원 주변에는 계엄군이 있었고, 시민군들도 자주 오갔다. 개나리 동산에도 시민군이 주둔했고, 병원 옥상에 올라와 있는 사람들도 있었다. 그러나 많은 인원은 아니었다. 숙소가 11층에 있었기에 그들과 자주 만날 수 있었다.

"가능한 병원 안으로는 들어오지 말아요. 들어오면 안 돼요."라는 말을 자주 했다. 옥상에 빈번하게 총알이 날아오곤 했기에 병원에는 오지 말라는 이야기였다. 옥상에서 그러면 병원까지 위험해지기 때문이다. 그들은 '예'라고 대답만 할 뿐, 다시 올라오곤 했다.

시민군이라는 것 이외에는 그 사람에 대해서 알지도 못하면서 무조건 우길 수도 없었다. 그들도 자주 대하는 사람이 나였기에 내 얼굴을 어느 정도 익혀진 탓인지 나를 보면 '알았어요, 알았어.'라고 말을 하면서도 말과 다르게 옥상으로 올라갔다.

그들은 11층 옥상에 기관총을 장착하고 있었다. 사람들은 기관총을 메고 옥상에서 현관 밖까지 오갔지만, 사람들과 큰 충돌은 없었다. 그들 중에는 얼굴을 알아보지 못하도록 모자를 내려 쓴 사람도 있었고, 알 수 없는 큰 짐을 들어 나르는 사람도 있었다. 그들의 차림새로는 어떤 사람들인지 알 수 없었다. 옷을 갖춰 입을 조건도 되지 않았고, 모두 허름한 차림이었기에 더욱더 그들의 신분을 유추해보는 것은 어려웠다. 다만 그중에 총을 능숙하게 잘 다루는 사람들은 분명 군대에 다녀온 사람일 것이라 짐작해 보는 것이 전부였다.

어느 날엔가 그들은 부지런히 현관으로 내려갔다. 지프를 타고 온 사람들과 몇 마디 대화를 나누더니 몇 명의 시민군만 옥상에 남고, 대부분 지프에 올라타고 사라졌다. 계엄군과 대치하는 곳으로 이동했다는 이야기를 들었다.

지금의 전남대병원은 그때와는 전혀 다른 건물이다. 정형외과는 1층(구 본관 1층)에 있었다. 계엄군의 발포 후 시민군이 무장하게 되자, 계엄군은 화순 방향으로 물러나야 했다. 공포탄이 아닌 실탄을 정형외과가 있는 건물을 향해 수평으로 들고 쏴 버렸다. 2층에 불이 켜져 있었다. 그것을 본 계엄군은 건물을 향해 돌아가면서 쏘아 댔고, 건물에 있던 마취과 과장님과 나, 그리고 조영국 원장님 또 누군가와 넷이 있었다. 총소리가 나자 우리는 누구나 할 것 없이 바닥에 엎드렸다. 원장님과 나와 나란히 엎드린 사이로 총알이 지나갔다. 등골에서 식은땀이 흘러내렸다. 우리 사이를 지나간 총알은 벽에 맞으며 박혔다. 일어나려고 했지만, 다리에 힘이 빠져 일어설 수 없었다. 살아 있는 것만으로도 다행이라고 생각했다.

계엄군은 환자와 의사밖에 없는 병원을 향해 총을 난사했다. 정문 쪽 1층에 있는 정형외과는 캐비닛은 물론이고 모든 기기가 총구멍이 숭숭 뚫려버렸다. 계엄군은 시민군이 병원에는 총을 쏘지 않을 것을 계산하고 숨어들었을 수도 있다는 가정하에 퇴진하면서 총질을 했던 거 같다. 계엄군에 실망하지 않을 수 없었다. 아무리 적군이라 하더라도 병원에 총질할 수 있다는 그 생각 자체가 비인도적인 행위가 아닌가!

한참 뒤 정신 차리고 정형외과가 있는 1층으로 내려갔다. 총으로 난사 당한 물건들이 여기저기 흩어져 있었다. 그 중에 가장 기억에 남는 것은 총구멍이 난 가운이었다. 캐비닛 안에는 이름표가 있는 가운도 있고, 이름표가 없는 가운도 있었다. 캐비닛을 뚫고 들어간 총알은 그 안에 있는 가운에 모두 총상을 남겼다.

총을 맞은 캐비닛에는 총을 쏘았던 날짜와 시간이 적혀있다. 왜 그랬는지 모르겠고, 그 때 내가 직접 썼던 것인지, 옆에 있는 사람에게 시켰던 것인지 기억나지 않지만, 총을 쏜 날짜와 시간을 총구멍 옆에 적었다. 다만 내 이름은 적지 않았다. 나중에 또 다른 불이익이 있을 지도 모른다는 생각이 들었던 모양이다.

모두 하나 되어 찾은 무질서 속의 질서

발포가 시작되면서 총상 환자들이 들어왔다. 한꺼번에 총상 환자가 밀려들어오니 의약품이 부족한 것은 당연했다. 그 중에서 가장 문제가 되는 것

캐비닛을 뚫고 들어간 총알 흔적. 전남대학교 5·18기념관에 전시되어 있다.

은 수혈용 피였다. 지프가 들어오면 총상 환자였다. 그들은 환자들을 실어 나르고 나는 피가 부족하다는 말을 건넸다. 아마 환자를 데려오는 사람마다 그 이야기를 하지 않았을까 싶다. 그런데 우리는 몰랐다. 한순간에 사백여 명이 채혈하겠다고 줄을 서게 될 줄은…. 총상 환자가 처음 발생하고 수일 정도 지난 때였으니, 22일쯤이었을 것이다. 채혈하겠다며 나서는 일반 시민들을 보면서 '감격'이라는 말은 이럴 때 사용한다는 것을 느꼈다. 부족했던 수혈용 피는 충분히 확보되었다.

그 때 느낀 것은 질서가 필요하다는 것이었다. 총 들고 있는 시민군도 힘들었을 것이다. 모두 제 정신이 아니었다. 죽는다는 것이 아무것도 아닌 상황이었으니, 어찌 정상적인 사고를 할 수 있었겠는가. 그 때 의사들은 조심스럽게 질서가 있는 모습을 보여주는 것이 그들에게 조금이라도 안정을 찾을 수 있는 여유를 줄 수 있지는 않을까 하는 생각이 들었다.

밤 사이에 병원 앞 도로와 주변은 난장판으로 어질러졌다. 계엄군이든, 시민군이든 우선 살아 남아야 한다는 생각이 먼저였으니, 그 다음 것은 중요하지 않았을 때였다. 의사들은 가운을 입고 병원 오거리와 주변을 비를 들고 쓸고 치웠다. 의사들이 모두 밖으로 나왔다. 깨끗이 하자는 뜻이 아니라 정신적으로, 정서적으로 의외의 모습을 보여줄 필요가 있었지만 보여줄 것이 없었다. 말로 설득할 수도 없었던 상황이라 무엇인가 해야 했던 것이다. 그것이 바로 청소라는 것이었다. 보여줄 수 있는 것은 그것 밖에 없었다. 총 들고 다니는 사람들은 의사들에게 고맙다는 생각을 하고 있을 때였기에 다른 감정을 갖지는 않았을 것 같다.

새벽에 전공의, 전문의 할 것 없이 가운을 입고 있는 사람은 모두 거리로 나갔다. 청소도 하고 시민들에게 우리가 비록 고립돼서 이상한 전쟁을 하고 있지만, 사형장에 끌려가는 사람이 물구덩이를 뛰어서 건너가는 것처럼, 마지막까지 우리가 가져야 할 것은 이성적인 사고를 하는 것. 그러기 위해서는 안정이 필요하다는 것을 어필할 필요가 있었다.

그때 우리는 몰랐었다. 전남대병원뿐만 아니라 다른 병원에서도 우리와 같은 생각을 가지고 있을 줄은. 전화도 되지 않고, 어떤 연락도 취할 수 없는 고립상태에서 기독병원, 적십자병원, 개인 병원들까지 모두 같은 생각으로 청소하고 있었다. 다만 전남대병원이 다른 병원에 비해 거대했고, 가장 중심부에 있었기에 총을 든 사람들과 밀접하게 만날 수 있는 조건이어서 청소를 하자는 생각이 가능하다고 믿었다. 하지만, 그때 광주에 있는 병원에 근무하는 의사들의 마음은 모두가 하나가 되어 있었다. 그리고 한참 뒤에 알게 되었다. 시민들도 모두 같은 마음으로 우리와 똑같이 밤새 어질러진 도로를 청소하고 주변을 정리하고 있었다는 것을.

그 당시 의료진을 둘러싼 조건은 어느 하나 녹록치 않은 조건이었다. 그런데도 불구하고, 정상적인 어찌보면 헌신적인 활동이었다고 할 수 있다. 그러나 그것은 의사에 국한하기는 무리가 있다. 의사가 아닌 시민도 자기가 있는 위치에서 충분히 그와 비슷한 일을 했다고 할 수 있다. 고립된 상태였기에 어디로 도망갈 수도 없었고, 피할 수도 없었을 뿐만 아니라, 집에 들어가 숨을 수도 없었다. 그저 주어진 상황에서 자기가 가진 것을 나누고, 마음에서 무엇인가 해야 한다는 생각에 움직였다. 어떤 훌륭한 마음이 있어서라기 보다 그 동안 교양이 쌓여서 행동했다기 보다 가장 동물적인 본능에 의해 행동했다고 보는 것이 옳을 것이다.

누군가는 자신의 제자일 수도 있고, 광주의 같은 시민일 수도 있고, 또는 한 가족이나, 이웃일 수도 있는데, 피치 못 할 상황이 주어져 죽는 사람은 죽고, 남은 사람은 또 다른 무엇인가 해야 하는 그것. 그것은 동물의 본능이 아닐까. 어떤 특별한 계기나 의협심이 강해서 행동했다기 보다 본능이라고 보는 것이다.

지금 똑같은 상황이라도 마찬가지다. 광주가 5·18민주화운동이 끝나고 나서 오는 평가, 정의라든지, 인권이라든지 그런 위대한 일을 했다고 하지만, 그런 상황이 주어지면 어디나 마찬가지일 것이다. 달갑지 않은 역사가 일어난 곳이 하필 광주였다. 특별히 동기라든지, 인격이라든지, 어떤 교육이나 문화가 주어진 것은 아니라고 생각한다. 위대하다면 사람이 위대하다 할 것이고, 위대하지 않다면 광주시민의 잠재력, 그 본성이 행동하게 한 것은 아닐까.

그러나 꼭 인정하고 싶고 놀라운 것은 무질서 속의 질서였다. 엄청난 무질서 속에 대단한 질서. 그것이 참, 사람이 훌륭하다는 생각을 하게 했다. 시민군들은 목숨을 버리면서 서로 동료애가 있었다. 피가 부족하다는 말에 서슴없이 채혈하고, 어려운 상황에서 자기는 남고 동료는 밀어내주고, 총알이 날아와도 옆을 지켜주는 동료애가 놀라웠다. 그 당시 전남대학교 의과대학 학생들도 데모에 제법 나갔다. 데모하는 학생들과 가까운 사이도 많았다. 그래서인지 도청 앞에 몇 시에 모여야 한다든가, 어떤 행사가 있다든가 하는 이야기늘이 학생들 사이에 오갔다. 환자를 보던 학생도 그 시간이 되면 도청 앞으로 나아갔다. 그들도 힘 없이 죽어가는 시민군을 바라보며 이미 시민군이 되어 있었다.

전남대학교 정문에서 시위중인 의과대학 학생들

그 때 그들은 어떤 마음이었을까. 지금 가늠해 보는 것은 불가능하다. 주로 병원에서 환자 치료에 시간을 보냈던 내가 보지 않았으니 추측만 할 뿐이지만, 그들도 여느 대학생과 마찬가지였을 것이다. 데모 현장에서 일어나는 모든 행동은 다 했을 것으로 추측해 본다. 그때는 아주 특별한 상황이었으니.

그 뿐만 아니었다. 의사들도 전남대병원으로 후송된 환자만 치료한 것이 아니라, 일부는 직접 도청 앞으로 나가 환자를 치료하기도 했다. 도청 앞에서 발포되었다는 소리를 들은 인턴, 레지던트 일부는 서둘러 도청으로 향했다. 그 때 내가 해 줄 수 있는 것은 그들에게 의사 가운을 입히는 것뿐이었다. 계엄군이 적어도 의사 가운 입은 학생들은 구분할 수 있을 테니, 가운을 입었다고 위험하지 않은 것은 아니지만, 그래도 아주 조금은 더 낫지 않을까 하는 기대감이 있었다.

그들의 행동은 의사라는 직책과 무관했을지도 모른다. 연민의 정도 있었고, 상대방이 내가 되어 버렸다. 내가 가진 것 다 내놔야 할 것 같고, 어느 점포든 다 열어서 필요한 물자를 지원해야 했고, 먹을 것이 있으면 숨기는 것이 아니라 필요한 사람에게 내밀어 주는 상황에서 의사는 치료할 수 있는 능력이 있으니 아무리 위험해도 치료를 해야 한다는 생각이었다. 그렇게 광주는 모두 하나가 되어 무질서 속에 질서를 찾아가고 있었다.

보관되지 못한 자료들

환자를 치료할 때는 그 진료기록이 남게 된다. 그러나 그 당시에는 그 기록은 그저 그 상황에 대처하기 위한 자료였을 뿐이다. 실제 환자의 실명과 상관없는 기록이 많았고, 신상에 관해 물어볼 여유도 없었다. 혹시 실명으로 기재 되어 있는 자료가 있을 가능성도 있었다. 그래서 일부 진료 기록은 폐기하기도 했다.

5·18이 나의 삶에 끼친 영향은 엄청났다. 제일 큰 것은 기억하고 싶지 않

은 역사였다. 기억하고 싶지 않은 일이 내 삶에 영향을 미치면 굴곡이 되어 나타날 가능성이 크다. 괴로운 것을 하나라도 잊어버리면 좋다는 생각이었다. 그런데 잊고 싶다고 잊히는 것은 아니었다. 무의식의 세계로 밀어내려 할수록 의식의 세계로 다가오는 것이 싫은 기억이다. 싫은 기억을 미화시키고, 승화시키는 작업은 하루 아침에 되는 것이 아니라, 십여 년, 이십 년, 아니 더 많은 시간을 거치게 된다. 그러기 위해서는 내가 기록한 자료를 보관하는 것이 아니라 없애는 것이 더 간절하게 필요하다. 내 삶의 굴곡을 막기 위해서는 자료를 폐기하는 것이 더 좋은 방법이었다.

그 뿐만이 아니라, 5·18 이후 자료를 가지고 있다는 것 자체가 위험했다. 자료를 보관한다는 자체만으로 불이익을 당했던 시기가 십여 년 이상 지속되다 보니 있는 자료도 없애야 할 정도였다. 실제 전남대학교 5·18기념관에 전시된 가운도 엑스레이 폐필름 창고 깊숙이 숨겨놓았다가 시간이 한참 흐른 뒤에 꺼냈다.

더 많은 자료는 어찌 찾으면 찾을 수도 있을 것이다. 그러나 종이는 몇 십 년이 지나면 부서진다. 소중하게 보관할 수 있는 자료가 아니라, 들킬세라 깊숙이 숨겨 두었던 자료들이기에 찾는다 하더라도 자료의 활용가치는 없을 것이다.

차트 자료가 없는 당연한 이유도 있다. 실명으로 적지 않은 자료이기에 치료비를 받을 가능성은 없었다. 그래서 보관 이유도 없었다. 역사적 의미에서는 안타까운 일이지만, 충분한 조건으로 차트가 남아 있다면, 아마 그 전에 이미 다른 의미에서 폐기 되었을 가능성도 있을 것이다.

시간이 지나고 자료를 정리할 수도 있었다. 그러나 당시 누가 봐도 병원에서 다른 이들을 진두지휘했으니 정부 쪽에서는 좋지 않은 관심을 받게 되었다. 세월이 흐른 뒤 전남대병원에서 표창한다는 이야기가 있었다. 나는 상 받을 만한 일을 한 사람이 아니라 무심하게 지나갔고, 내 이름이 거론된 자체도 알지 못했다. 당연히 표창은 받지 않았다. 나중에 원로 교수님이 슬쩍 전해준 이야기였다. 세월이 흘러도 어쩔 수 없이 정부의 눈치는 살펴야 했다. 그 상황에서 보관된 자료라도 나온다면 불이익을 감수해야 하는 것은 당연했다.

그래서 유일하게 남아 있는 것은 캐비닛과 가운이다. 계엄군이 화순방향으로 퇴진하면서 병원을 향해 총기 난사했을 때, 구멍 난 자리에 날짜와 시간을 적어 두었던 캐비닛은 전남대학교 5·18기념관에 전시·보관되어 있다.

가운이 들어있는 것이 철제 캐비닛. 좋지는 않았지만 총 맞아 뚫리고 열어보면 가운을 뚫고 나가면서 병원 벽이 총을 맞았다는 것, 그것은 병원에 총을 쐈다는 근거가 되는 것이다. 군대에서 캐비닛을 보면 아주 싫어할 자료 중의 하나가 될 것이다. 병원에 총을 쏜 일은 없었다는 발표가 있었는데, 그걸 정면으로 반박하는 증거물이 되기 때문이다.

개인의 자료이기 전에 한 나라의 역사적 자료일 수 있는 그 날 그 현장의 기록들, 자료를 남겨두지 못했다는 안타까움은 말로 표현하기 어렵다. 그러나 현실은 살벌한 날들의 기록이 남아 있는 것을 용납하지 않았으니, 이 또한 역사의 한 자락이 아닐까 싶다.

어둠을 밝히는 촛불처럼 꺼지지 않는 불빛

의업에 종사한다는 것은 어떤 면에서 고단한 일이다. 남들이 잠들어 있는 한밤 중에 나와서 일을 하는 인원이 꽤 많다. 간호사, 의사, 직원, 약사 그 외 필요한 인원 모두 밤에도 근무해야 하는 곳이 바로 병원이다. 여자, 남자 할 것 없이 모두 매일 밤을 지새우는 일이 반복적으로 이루어진다. 낮에만 일하면 좋겠지만, 그것이 불가능한 것 또한 병원이다. 그저 앉아 있는 것이 아니라, 밤새 뛰어다니기도 하고, 응급 처치를 필수로 하기도 한다. 긴장의 끈을 놓지 못하는 밤을 지나고 나면 그들 중에는 아픔을 호소하는 사람이 있기도

가운이 들어있는 것이 철제 캐비닛. 좋지는 않지만 총 맞아 뚫리고 열어보면
가운을 뚫고 나가면서 병원 벽이 총을 맞았다는 것, 그것은 병원에 총을 쐈다는
근거가 되는 것이다.

하다. 그들을 보면 마치 촛불을 보는 듯하다. 촛불은 자기를 태워 불을 밝힌다. 5·18 당시 항상 칠흑같이 어두운 밤에 총알이 날아들까 무서워서 모두 불을 꺼버렸는데 유일하게 불을 켜 놓은 곳이 수술실이었다. 수술실만 불이 켜져 있었다. 어두운 밤에 불을 밝히고 밤새도록 수술을 하는 것. 그것이 자신을 위해 하는 것은 아니다. 소위 의업이라는 것이 병원의 기능이며 그런 기능이 실질적으로 평소에도 하는 것이고, 그 당시는 더 연장되었을 뿐이다.

환자를 위해서 헌신하는 경험, 값비싼 경험을 했다고 할 수 있다. 무의촌이나 아프리카 등지에 가기를 선호하기 때문이다. 아픈 역사 속에서 가난하고 아픈 사람에 대한 연민의 정이나 여력이 있을 때 그런 쪽에 힘을 쏟아 붓는 열정이 남아 있는 것은 아마 5·18민주화운동이 만들어 준 경험이 계기가 된 것은 아닐까 한다.

지금 의사들에게 필요하지 않을 수도 있는 이야기이지만, 사람마다 각자의 차이가 있겠지만, 정치적 충격 상황들이, 소위 인권이나 정의, 민주주의라든가 평등이나 비폭력의 중요성을 목숨을 걸어야 하는 상황에서 비싸게 교육받을 수 있는 장이었다. 많은 사람이 이유도 모른 채 피 흘리며 죽어가는 모습을 보며 폭력이 얼마나 위험한지 느낄 수 있는 경험을 하지 않았다면 그 가치는 모를 것이다. 왜 맞아야 하는지, 왜 죽어야 하는지도 모르는 채 맥없이 쓰러지고, 죽어가는 사람들. 그 사람들을 직접 현장에서 보지 않은 사람들은 그 값어치에 대해서는 전혀 이해할 수 없으니 값있게 생각해야 하고, 그런 것들이 교육이 되어야 할 것 같다. 의사에게 필요하다면 헌신이라는 것을 알 수 있게 해 주는 계기가 되는 것은 그런 현장이 아니면 할 수 없다. 헌신이라는 마음이 훈련으로 되는 것은 아니고, 감각으로 심장으로 느끼고 보듬어야 하기에.

03

기억상실증에 걸린
야전병원의 책임 군의관 신세

김 신 곤

1980 - 전남대학교병원 외과 조교수
2017 - 전남대학교 의과대학 명예교수

2017년 올해는 '5·18민주화운동' 37주년이 되는 해이다. 그간 몇 차례 5·18민주화운동과 관련된 나의 경험담을 들려 달라는 청탁이 있었으나 번번이 거절하였다. 그 당시를 회상하면 머릿 속이 하얘져서 도통 기억이 나지 않으니 글로나 말로 옮길 수 없었기 때문이다.

1980년 5월. 내가 청운의 뜻을 품고 도미하여 만 7년간의 미국 유학생활에 종지부를 찍고 나름대로 용단을 내리고, 보람을 찾아 귀국한지 만 1년이 되는 때이다. 1972년 내가 미국행을 했을 때는 우리나라는 식량이 부족하여 도청 화단에 보리를 심었던 기억이 있다. 화단에 심은 보리 수확이 얼마나 되겠냐마는 그 만큼 여유가 없었고 절박하다는 얘기겠지. 못 먹고, 못 살던 시절이다. 반대로 제2차 세계대전에서 승전한 미국은 국부를 만방에 자랑하던 때 아닌가. 미국에 도착해보니 시원하게 뚫린 고속도로와 천정까지 쌓인 '미제' 상품으로 그득한 슈퍼마켓이 인상적이었지. 그 당시 날로 증대하는 미국인들의 의료 수요를 충당하기 위해, 간단한 자격시험을 거쳐 외국의 젊은 의사들에게 문호를 개방하였다. 그 덕분에 30여 명의 내 의과대학 동기들이 미국에서 졸업 후 수련을 받았다. 당시 같이 수련을 끝내고도 미국에 체류 중인 대학 동기들은 어느 누구도 나의 영구 귀국을 믿지 않은 눈치였다. 천국에서 자진해서 나락으로 떨어지는 사람을 누가 믿겠는가. 그러나 내 눈엔 고국은 미래와 희망이 보였고, 그 조국과 모교에서 조그마한 보탬이 되고자 귀국의 짐을 싼 나 아닌가. 당시 의대 학장님과 외과 교수님들의 배려로 귀국한 해 9월에 조교수로 특채 발령을 받아 일하고 있었다. 교수가 둘 뿐인 대학병원 제2 외과의 일을 아침 학술 집담회부터 저녁 회진, 야간 응급 수술까지 밤낮 없이 도맡아하는 열혈 청년 교수였다. 당시 병원장은 내가 지근에서 모시고 있던 외과 조영국 교수님이다. 평소에도 술자리나 모임자리가 생기면 꼭 나를 대동하셨는데, 급작스런 '전쟁 상황'에서 내가 가까이 없으면 불안해 하셨다.

학동에 있는 전남대병원은 5·18의 본거지인 전라남도청과 금남로와 불과 1km 거리도 안 되는 곳에 위치한다. 초기 계엄군의 무차별 구타 등에 의한 외상환자는 근처 의원이나 좀 더 외곽에 위치한 광주기독병원으로 가서 치료를 받았다. 그러나 계엄군의 발포가 시작되고 총상을 입은 중환자들이 금남로에서 대량 발생하면서는 근처에 위치한 전남대병원은 순식간에 야전병원으로 변하였다. 소위 시민군들이 죽음의 위험을 무릅쓰고 무고히 쓰러진 시민들을 옮겨왔다(옷에 핏자국이 선명하고 온 몸이 땀범벅이 된 민○○이가 생각난다). 그렇지 않아도 비좁은 응급실은 금방 포화 상태가 되었고 좀 더 널따란 환자 접수 대기실이 매트리스만 깔고 임시 야전병원 진료실이 되었다. 원내에 근무하던 전 인턴과 외과계 레지던트들이 누구랄 것 없이 모두 동원되어 한 생명이라도 더 구하려고 밤낮을 가리지 않았다(누가 시키지 않아도 열심히 했던 인턴들 중에 류재광 선생이 생각난다). 나는 그 야전병원의 책임 군의관 격이었던 셈이다. 환자 위급 정도를 분류(triage)하고, 해당 전문 과목을 선정하고, 수술실에서 수술을 직접 집도하고, 회복실 겸 중환자실을 회진하고, 상황을 수시로 위에 보고하고.

갑자기 밀려드는 환자 때문에 병원 내에 비축한 수액이 제일 먼저 동이 나서 '시민군'이 1-7 육군병원에 가서 수액을 가져온 기억도 있다. 피가 부족하다고 얘기했더니 '시민군'이 대학병원에 피가 부족하다고 외치고 다녀 젊은 아가씨들이 헌혈대 앞에 줄을 길게 섰다는 얘기도 들었다.

계엄이 선포되고 내가 사는 화정동 아파트에서 교통 차량이 올 스톱되었다. 병원장의 출근 명을 받고 학동 대학병원까지 걸어갔다. 걸어가는 동안에도 총성이 들리고 큰 길에 군인들과 시민군이 곳곳에 있어 골목길로만 걸어서 반나절이 지나서야 병원에 도착했다. 그러고 나서 사태가 진압될 때까지 병원에서 지내고 있었다. 몇 날을 병원에서 지냈는지, 내복을 언제 살아입었는지, 잠은 어디서 잤는지, 식사는 어떻게 해결했는지 도무지 기억이 나질 않는다. 하루 종일 녹색 수술복 차림으로 서성대며, 응급실 체크하고, 수술실 보살피고, 병실 회진하며, 수시로 2층 원장실로 상황 보고하러 다닌 희미한 기억밖에 없다. 그 와중에 한번은 외국인 기자와 인터뷰한 기억이 있다. 영어가 통한다고 나에게 소개되었는데 그 때 기억나는 질문으로 몇 명이나 죽었다고 생각하느냐고 물었다. 나도 모르니 기자 당신이 직접 확인해 보라고 얘기한 기억이 있다. 이 장면이 미국TV에 소개되었다고 나중에 미국에 있는 친구들에게서 연락이 왔었다.

계엄군의 발포로 시민 환자가 동시에 다발적으로 발생하여 전 수술실과 전 수술기구가 다 가동되었다. 그때 몇 명을 수술하고, 어떤 수술을 했는지 기억나지 않는다. 복부 총상 환자 중 한명은 응급실에서 혈압이 점점 떨어져 수술 대기실로 옮겨져 다음 차례를 기다리다 결국 숨을 멈추었다. '절 죽게 내버려 두실랍니까' 하고 애소하던 이 환자만이 아직 오랫동안 기억에 남아 어느 5·18 기념일에 지방 신문 칼럼에 한번 썼었다.

계엄군이 소위 시민군에게 쫓기어 도청을 버리고 퇴각하던 때였다. 군인들은 차량에서 무차별 발포를 하며 시내를 빠져나갔다. 도청에서 학동 외곽과 화순으로 빠지는 대로변에 위치한 병원의 수술실에도 총탄이 날아들어 유리 파편이 내 다리까지 튀었다. 바로 2층에 위치한 원장실에서는 총소리에 밖을 쳐다보던 노성만 교수 얼굴 바로 앞으로 총탄이 지나가 벽에 걸어둔 액자가 망가졌다.

병원 본관 1동 옥상이 도청 가까이에 있는 가장 높은 건물이라 '시민군'이 기관총을 설치했다는 얘기를 들었는데, 계엄군이 진압을 위해 새벽에 들이닥칠 때 11층 병실에서 자고 있던 우리들에게도 총구를 들이댄 기억이 희미하다.

군부독재 정권의 무력에 의해서 민심은 흉흉했지만 사태는 어느 정도 수습되었다. 긴장이 완화되었는지, 속으로 스트레스가 잠복해 있었던지 8월 휴가시기에 나는 돌연 들어 누웠다. 세상이, 지구가 빙빙 도는 메니에르(Meniere) 병에 걸린 것이다. 내 기억력 소실의 한 요인이 된 것이다. 아니 이런 만행이 백주에 자국 군인에 의해 이루어진 것에 실망하고 후회뿐이었는지 모른다. 그러니 어찌 기억하고 싶고, 되새기겠는가.

당시 두 분 부모님은 금남로 가톨릭센터 뒤 금남맨션 아파트 6층에서 살고 계셨다. 당시 투입된 군인들이 백주 대로에서 저지른 만행을 직접 보고 비분강개하셨다. 또 내 친형은 당시 동아일보 사회부 책임자로 불통의 광주 현지 취재를 위해 서울에서 특파되었다. 장성까지는 교통편이 있으나 광주는 걸어서 들어 왔고, 동행한 기자와 시내 중앙에 위치한 부모님 아파트를 주거 겸 사무실로 이용하였다. 나 자신이 광주의 참상을 어느 누구보다 생생히 보고, 듣고, 알고 있었는데, 지금 내 머릿속은 거의 백색이다.

'광주 사태' 후 일 년이 지나서 우리 집안에 또 큰 사태가 발생했다. 1981년

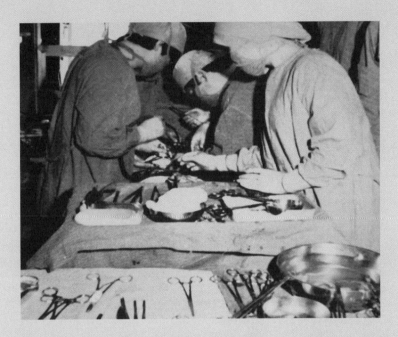

계엄군의 발포가 시작되고 총상을 입은 중환자들이 금남로에서 대량 발생
하면서는 근처에 위치한 전남대병원은 순식간에 야전병원으로 변하였다.

5월 27일. 서울대 도서관에서 공부하던 서울상대 경제과 4학년인 동생이(다섯 형제 중 넷째) '전두환은 물러가라!' 세 번 외치고 투신한 것이다. 방학에 내려와서 광주의 참상을 보고 듣고 속으로 비분강개했나 싶다. 동생은 그렇게 사랑하는 부모와 형제들을 버리고 홀연히 떠나버린 것이다. 그나마 어렴풋한 '전쟁'의 기억이 그 충격으로 내게서 더 사라져 버린 것이다.

세월이 지나도 어떤 기억은 선명히 남는다는데 나는 왜 그럴까. 순수한 시민 정신에서 비롯한 5·18민주화운동을 일부의 선동이나, 북한과 연결 짓는다거나 하는 등 허튼 소리를 들으면 기억은 더 희미해지겠지. 그나마 희미한 것이라도 더 이상 놓치고 싶지 않아 아내의 도움을 받아가면서 컴퓨터 자판 앞에 앉아 보지만 역시나이다.

04

군인이 국민에게 총을 쏘았다는
일은 용납될 수 없는 일

박 영 걸
1980 – 전남대학교병원 안과 전임강사
2017 – 전남대학교 의과대학 명예교수

병원장실 총탄 날아들고 건물도 곳곳 흔적

1980년 5·18민주화운동 당시 나는 전남대병원 안과 전임강사로 근무하면서 교육연구부장이신 노성만 교수님을 보좌하고 인턴, 레지던트를 담당하는 전공의 실장을 맡고 있었다.

그 당시 인턴 숙소가 1동 건물과 떨어져 있었기에 저녁 무렵 수술이 끝나거나 병실에서 환자 진료가 늦게 끝나는 인턴이나 레지던트 1년차는 수술실 탈의실(지금의 수술 회복실 자리)에 임시 숙소를 마련해 이용했다. 나도 그들과 같이 바닥에 매트리스를 깔고 잠을 청하는 경우가 있었다. 임시 숙소의 위치는 총기 사고나 안전사고로부터 안전한 곳이기도 했다.

5월 21일 계엄군 발포 후 시민군이 무장하게 되어 위험을 느꼈던 계엄군이 시외로 철수하면서 병원 건물에 사격을 가한 일이 있었다. 당시 병원장실에서는 나를 포함한 조영국 원장님, 하인호 교수님, 노성만 교수님 등 4명이 회의를 하고 있었는데 갑자기 총탄이 들어오는 바람에 모두 바닥을 기어서 병원장실을 빠져 나와야 했다. 지금은 철거됐지만 당시 건물에는 총탄 흔적이 많이 발견되기도 했었다.

내 기억으로는 군인들이 철수를 하면서 위협사격을 가한 것이 아니었나 생각한다. 당시 안과(철거된 구 본관)가 2층에 있었고, 병원장실(현재 1동)도 2층인가 3층에 위치해 있었는데 총탄이 날아들었기 때문이다.

병원에 가장 많은 환자들이 몰려든 것은 5월 21일과 27일이었다. 경상 환자는 주로 광주기독병원, 적십자병원으로 갔고, 중상환자는 전남대병원으로, 계엄군 환자는 조선대병원으로 갔다. 조선대 운동장에 집결한 군인들이 조선대병원과 국군통합병원을 이용하면서 그렇게 구분되어졌을 것이다.

신경외과나 정형외과 등에 환자가 많이 몰렸지만 안과도 적지는 않았다. 5·18민주화운동 초기, 이○○이란 환자가 기억에 남는다. 그는 서울에서 내려오다 계엄군의 검문에 걸렸고, 군홧발에 차여 눈알이 파열되는 바람에 전남대병원에서 박병일 교수 집도하에 수술을 받기도 했다.

시민군이 병원 옥상에 기관총을 설치한 일도 있었다. 계엄군이 도청에서 조선대 운동장으로 철수를 위해 이용한 헬리콥터를 시민군이 공격하겠다고 설치한 것이다. 이에 따라 하인호 교수님과 노성만 교수님이 옥상으로 올라가 "병원 건물에서 총을 쏘면 안 된다."고 시민군을 설득해 철수토록 했다.

22일쯤에 영안실에 갔던 적이 있었다. ○○서적 대표가 친구였는데 그 동생이 사망했기 때문이었다. 장례식장은 현재 6동 앞 자리에 위치하고 있었다. 그런데 헬리콥터가 지나가며 총을 쏜 것인지, 다른 무엇을 쏘았는지 나뭇가지가 파팍, 큰 파열음을 내며 깨지는 것을 보았다. 당시 헬리콥터를 쏘기 위해 시민군이 옥상에 기관총을 두었다는 말이 돌았기에 군인들이 겁이 나서 총을 쏜 것이 아닌가 하는 생각이 들었다.

© 나경택

우리는 총알이 오가는 위험 속에서 환자를 옮기다보면 큰일을 겪을 수 있다는 생각에 시민군에게 가운을 입고 일하도록 했다. 군인이라고 하더라도 하얀 가운을 입은 사람에게 총을 쏠 일은 없다고 생각했기 때문이었다.

"당신들 구경하는 모습 보고 총 쏘려 했다"

시민군이 장악하고 있었던 25일쯤으로 기억된다. 나는 그동안 가지 못했던 집을 잠시 다녀올 기회가 있었다. 집은 방림동의 삼일아파트로, 병원에서 아주 먼 거리가 아니어서 걸어서 갔다. 집에서는 총탄이 날아올 것에 대비해 창문 앞에 두꺼운 솜이불을 대놓고 있었다. 그런데 밤이 되어 갑자기 병원식당에 쌀이 떨어졌다는 연락을 받았다. 나는 마음이 급했지만 '차가 없으니 빨리 갈 수는 없다.'고 말했다. 그 때 다행히 병원에서 요청한 시민군차가 왔고 그 차를 타고 병원으로 올 수 있었다. 정확하게 누가 시민군에게 직접 쌀을 부탁했는지는 기억나지 않지만 그들의 도움을 받았던 것은 확실하다. 당시 도움 받은 쌀의 양이 많지는 않았었다.

당시 열심히 환자를 실어 나르던 시민군에게 하얀 의사 가운을 입힌 일도 있었다. 민○○이라는 사람이었는데 그는 환자를 병원으로 옮기는 일을 무척 열심히 처리했다. 우리는 총알이 오가는 위험 속에서 환자를 옮기다보면 큰 일을 겪을 수 있다는 생각에 가운을 입고 일하도록 했다. 군인이라고 하더라도 하얀 가운을 입은 사람에게 총을 쏠 일은 없다고 생각했기 때문이었다.

5월 27일 새벽 계엄군이 도청 공격작전을 시작할 때 밖에서 총소리가 났다. 11층 병실에서 자고 있던 의사들은 깜짝 놀라 불을 켜고 창문을 열어 진압광경을 보았다. 이를 본 군인들은 직접 병실을 찾아와 총을 들이대며 위협을 가했다. "창문을 열고 당신들이 구경하는 모습을 보고 사격을 하려 했다. 함부로 밖을 내다보지 말라."는 것이었다. 얼마나 놀랐던지 당시 아찔했던 기억이 지금도 선명하다.

다행히 전남대병원 교직원 모두 다친 사람은 없었다. 5·18민주화운동이 끝난 후 직원들은 원래대로 재배치 됐고 업무도 평상시와 같이 이뤄졌다.

수습 후 5·18 기간 동안 발생한 입원 환자에 대한 검찰, 경찰, 군 수사기관, 안기부의 합동조사가 있었는데, 그 분위기는 상당히 위압적이었다.

지금 돌이켜보면 군인이 국민에게 총을 쏘았다는 일은 용납될 수 없는 일이라고 생각된다. 19일 저녁 처음으로 총탄을 맞은 고등학생이 병원에 실려왔을 때 "아이고 이게 무슨 일이냐"하며 모두들 깜짝 놀랐던 기억이 있다. 당시 군부들은 시민군이 무장을 하고 총을 쏘니 자신들도 총을 쏠 수밖에 없다고 했지만 그것이 사실과 다르다는 것은 다 알려진 일이다. 자신들이 먼저 철수했다면 광주는 평화롭게 마무리될 수도 있었을 것이다.

앞에서 언급했던 친구의 동생도 시위에 참여했다가 사망한 것이 아니었다. 당시 금남로 건물옥상에서 구경을 하다 계엄군의 조준사격에 의해 희생된 것이다.

앞으로 다시는 우리 역사에 그런 불행한 일이 되풀이 돼서는 안 될 것이라고 생각한다.

5·18 당시 전남대학교병원
외과 전공의의 진료 일지

김 현 종
1980 – 전남대학교병원 외과 레지던트
2017 – 전남대학교 의과대학 명예교수

이 글은 1980년 5월 5·18민주화운동 기간에 전남대학교병원에서 있었던 진료 상황을 당시 외과 전공의이었던 내가 응급실 기록과 내 기억을 토대로 2012년 8월에 전남대학교 의학박물관 개관에 맞추어 쓴 글이다. 당시에 너무나 많은 환자가 동시에 본 병원 응급실로 후송되어 인적사항이나 원인, 진료 과정, 결과에 대한 기록이 부실하여 정확하지 않은 것도 있음을 인정한다. 그럼에도 전남대병원 전 직원이 5·18 기간에 의료인으로서 소임을 다 했던 것을 후세에 남기기 위해 32년 만에 그 날의 진료 일지를 썼다.

1980년 5월 18일(일), 그 날

1980년 5월 17일 자정을 기해 계엄이 전국으로 확대됨에 따라 광주 각 대

이 글은 2012년 8월 전남대학교 의학박물관 개관 기념 자료집에 실린 글을 옮겼다.

학에 계엄군이 주둔하게 되었다. 계엄 전국 확대라는 발표를 듣고 광주 시민들은 반민주적 정치상황에 대하여 격렬한 시민운동을 펼쳤다. 그 당시에 다른 지역에서는 소요가 잦아들었으나 광주에서만은 오히려 더 강력한 운동으로 확대되었으며, 이에 대하여 군부의 진압작전이 초강경으로 바뀌게 되었다. 5월 18일 오전부터 광주시 금남로 거리는 많은 시민들의 분노의 함성과 군의 정치개입을 반대하는 시위로 채워졌다. 광주시내의 곳곳에서 시민들과 군인들과의 쫓고 쫓기는 사태가 벌어졌으며, 경찰의 공권력은 거의 힘을 쓰지 못 할 정도였다. 전남대학교 정문에서는 공수부대원들의 저지로 등교를 할 수 없게되자 바로 항의시위로 변하고 이를 막는 과정에서 다수의 학생들이 부상을 당하였다. 이때에 본 병원에서 전공의들은 사태가 심각한 상태에 이르겠다고 서로 걱정만 하였고 어떻게 상황이 전개될지에 대해 전전긍긍하고 있었다. 전국 계엄으로 확대되어 교직원의 병원 출근 자체가 어려웠고 그래서 대부분 전공의들은 병원에 있었다.

최초로 본 병원 응급실을 찾아온 환자는 손○○(27세, 남)로 5월 17일 저녁 도서관에서 잠을 자는데 갑자기 공수부대원들이 들이닥쳐 곤봉으로 복부를 가격해 복통과 구토를 호소하며 5월 18일 오전 8시 20분경에 응급실로 내원하였다. 기록에는 "복부좌상(타박상), 2주"라고 적혀있었다. 이날 오전부터 공수부대원들이 광주에 나타나 진압에 투입된 것을 알았고, 이미 공수부대원들은 그 동안 시위진압훈련을 매우 강하게 받고 있다는 소문을 듣고 있기에 앞으로의 진행상황이 매우 거칠어지겠다고 걱정을 하는 분위기로 본 병원 곳곳에서 부서원들끼리 모여서 정보를 교환하는 분위기가 조성되었다. 각자 집에 연락하여 외출을 삼가고 몸조심하라는 전화를 하였고, 당분간 집에 못 들어갈 수 있다고 전했다.

당일 오후 2시경에 22세 남자가 공수부대원에게 곤봉으로 머리를 가격당해 응급실로 왔다. 이때를 기하여 오후 내내 18일 총 16명의 환자가 왔는데 대부분 곤봉으로 가격당해 두부열상, 골절, 찰과상 등 외상 환자가 대부분이었다. 진료는 상처를 치료하는 정도의 진료이었고 수술한 경우는 없었다. 그런데 공수부대원들의 진압 방식이 너무나 무서워 인정사정없이 휘두르는 곤봉 세례에 응급실에서 근무하는 의사, 간호사, 진료도우미, 행정직원들은 질겁하게 되었다. 그리고 모두 분개하면서 국민을 지키는 공수부대원들이 도대체 왜 이렇게 정권의 개가 되어 선량한 시민에게 곤봉질을 하는 지에 대해 분노를 넘어, 있을 수 없는 만행에 대하여 어찌할 바를 모르고 안절부절못하였다.

당시 병원장은 외과 조영국 교수이었다. 외과는 1외과 및 2외과로 나누어져 있었으며, 1외과에는 4년차 장세영, 3년차 김현종, 안기현, 2년차 박경철, 박현준, 1년차 김영진, 정상영, 배성우 선생이 근무하였고, 2외과에는 4년차 정용철, 3년차 곽홍수, 고조현, 2년차 이정균, 서인근, 1년차 정종길, 김종국 선생이 근무하였다. 교수님들은 거의 출근을 못하였고, 전공의들로만 환자를 돌보는 형편이었다. 거의 모든 의사들과 직원들은 병원에 각자의 잠자리를 만들어 하루를 보냈고 병원에 가까이 사는 일부 직원들은 조마조마한 마음으로 서둘러 귀가를 하면서 두려워하는 분위기였다. 나를 포함한 우리 전공의들은 11층 병동에 마련된 임시 전공의 숙소에서 지내게 되었다.

1980년 5월 19일(월), 첫 총상

아침부터 응급실에 긴급호출이 오고 병원이 바쁘게 돌아가고 있었다. 식사는 병원에서 제공해준 걸로 대충 때우고 병실에 1명, 외과 외래 1명 정도 지키고 있고 거의 모든 의사들은 응급실에 모여서 아침부터 주로 구타로 상해를 당한 환자들을 돌보게 되었다. 오후 4시경에 공수부대원에게 곤봉과 개머리판으로 얻어맞아 코뼈가 골절되어 응급실로 온 남○○(19세)가 들어와 이비인후과 김성남 교수가 코뼈 맞춤 술을 시행하였다. 그러는 중에도 상황이 좋은 방향으로 발전되어 더 이상 피해가 없기를 기대했는데, 오후 6시 35분 최초로 김○○(19세, 남)이 복부에 총상을 입고 응급실로 들어왔다. 40분전에 계림동파출소 앞에서 총격을 받아 긴급후송을 온 것이다. 정신은 혼미해져 있고, 우하복부에 1발, 손에 2발의 총격을 받았다. 소변은 혈뇨를 보이고 있었다. 있어서는 안 되는 일이 실제로 벌어져 버렸다.

응급실 모든 근무자들이 겁에 질리게 되었고, 바로 분노로 변하였다. 어떻게 시민을 향하여 총질을 할 수 있단 말인가. 일부는 눈물을 보이고 어떤 사람은 분노의 주먹을 쥐면서 흥분하였다. 즉각 응급수술로 들어갔다. 장세영 선생이 술자로 집도하고 김현종, 박현준, 정상영 선생이 조수를 하였다. 복부를 열자마자 3,000cc 정도의 피와 혈종을 제거하고 보니 총알이 회장, S자 결장을 관통하였고, 후복막강에 다량의 혈종이 있었다. 회장 일부 절제와 S자 결장 절제와 단단문합을 하고 T-loop 대장루를 만들고 수술장을 나오니 아마 밤늦은 시간으로 기억된다. 수술을 하면서도 시민에게 총격을 가했다는 사실에 분노의 마음이 가라앉지 않았고, 이날 수술로 인하여 많은 양의 수혈을 하였던 것으로 기억한다. 이 환자는 다음에 대장루 복원을 하였고 같은 해 12월 23일 퇴원하였다.

우리 모두는 김○○의 길고도 어려운 투병생활을 지켜보았으며 퇴원하는 날에는 젊은 날의 큰 상처로 인하여 앞으로의 인생에 많은 장애를 생각하면서 잘 이겨나가도록 건투를 빌었다. 이날 모두 14명의 환자가 응급실을 내원하였으며, 총상 1명을 제외하고는 대부분 구타에 의한 타박상, 열상 등이었다. 응급실은 신경외과, 정형외과, 흉부외과, 안과, 이비인후과 등의 의사들의 호출이 계속되었다.

1980년 5월 20일(화), 폭풍 전야

아침부터 시민들이 도청광장에 모여 군부타도 계엄철폐 등을 외치면서 시위를 하였고, 군인들은 도청 앞에 포진하고 대치하였다. 군인들의 시위진압은 곤봉으로 내려치거나 방패로 찍어내거나, 발로 차거나 하였는데 인정사정 볼 것 없다는 식이었다. 이때부터 온갖 루머가 나돌기 시작하였다. '진압 군인에게 술을 먹였다, 경상도 군인만 차출했다, 간첩들이 시위를 사주하고 있다.'는 전혀 밝혀지지 않는 루머가 입을 통해 퍼져나가고, 오히려 이것들이 불안의 요인으로 되었으며, 뒤숭숭한 분위기를 더해갔다. 그래도 단지 7명만의 환자가 응급실을 방문하여 오히려 어제보다 약간 조용한 분위기였다.

1980년 5월 21일(수), 집단 발포

이 날은 정말 잊을 수가 없다. 오전에는 비교적 한산하여 쉬고 있는데, 사람들의 전언에 의해 도청에서 군인들과 시민들이 모여 대치하고 있다고 들었다. 금남로 길은 차량으로 가득 메워져 있고 수많은 시위대들이 인산인해를 이루고 있다고 했다. 본 병원 11층에서 도청 쪽을 바라보는데 도청 건물로 인하여 도청 앞부분은 보이지 않고 전남대병원 오거리에는 시민들이 바쁘게 오가며, 때로는 시위대들이 차량을 타고 경적을 울리면서 돌아다니고 있었다. 오전에는 비교적 한산하였던 터라 나는 12시경에 도청으로 시위 현장을 보려고 나갔다. 가서 보니 도청 앞에 수많은 군인들이 도청을 지키고 있었고 군인들 주위로 빙 둘러서 시민들이 대치해 있었는데 일부 군인들은 시민들과 아는 사람도 있는 것 같아 서로 이야기를 나누는 것도 보였다. 그 때는 분위기가 그렇게 험하지는 않다고 생각하면서 1시경에 병원에 돌아왔다. 외과 박현준 선생이 계엄군에 붙잡혀서 조대 운동장으로 끌려가서 구타를 당하다가 공수부대 군의관 위○○ 중위와 대학 동기라는 게 알려져 가까스로 풀려나왔다. 하지만 손에 타박상을 입어 수술에 참여할 수가 없게 되어 그나마도 적은 의료 인력에 설상가상인 격이었다.

병원에 돌아와 비교적 한가하게 쉬고 있는데 오후 1시 20분이 지날 무렵

계엄군에게 구타를 당하는 시민과 당시 전남대학교 버스

공수부대원들의 진압 방식이 너무나 무서워 인정사정없이 휘두르는 곤봉 세례에 응급실에서 근무하는 의사, 간호사, 진료도우미, 행정직원들은 질겁하게 되었다.

갑자기 도청 쪽에서 총성이 들려왔다. 그것도 한 발이 아니고 수천 발도 더 될 것 같은 총성이다. 나도 군대생활을 해보았지만 이런 총성은 처음이다. 전쟁이 일어났는가? 단발도 아니고 다발, 연발 등 요란한 총성이 들렸다.

5·18민주화운동은 많은 시민의 희생 위에 이루어졌는데, 그 안에는 전남대병원 전 직원의 희생과 봉사도 함께 있었다는 것을 기억하고 우리들도 우리나라 민주화 과정에 진정으로 동참하였다는 사실을 역사에 남기고 싶다.

갑자기 도청 쪽에서 총성이 들려왔다. 그것도 한 발이 아니고 수천 발도 더 될 것 같은 총성이다. 나도 군대생활을 해보았지만 이런 총성은 처음이다. 전쟁이 일어났는가? 단발도 아니고 다발, 연발 등 요란한 총성이 들렸다. 도청이 우리 병원과 얼마나 떨어졌는가. 바로 1km도 안 되는 거리에서 수많은 총성이 울리고 있었다.

기록에 의하면 정확하게 1시 30분에 총상 환자가 본 병원 응급실로 왔다. 문○○(28세, 남), 가슴에 관통상으로 왔다. 흉부외과에 비상이 걸렸고, 이어서 계속 총상 환자가 밀려왔다. 이때부터 응급실은 아수라장이 되었다. 모든 과의 인원이 총 동원되고 밀려드는 환자를 어떻게 처리할지 엄두가 나지 않아 매우 혼잡하였다. 사방에서 출혈과 통증으로 고함을 치는 부상자들, 나는 이때에 지옥을 보았다. 인적 사항이 파악되지 않아서 '무명 남', '갈색 남', '흰색 상의 남' 등으로 환자를 구분하고 나중에 인적 사항이 확인되면 바꾸었다. 특히나 의식 불명 환자는 인적 사항이 불명하여 나중에 가족들이나 지인들이 와서야 겨우 확인되었다. 이것은 전쟁이구나, 1, 2차 세계대전, 한국전쟁, 월남전쟁 등이 이와 같았겠구나 하는 생각이 들었다. 머리관통상, 흉부관통상, 복부관통상, 척추관통상, 사지관통상 등 전쟁에서 벌어질 수 있는 모든 형태의 총상 환자가 계속 밀려왔다. 이 때 병원에 근무하는 어떤 의사들도 이런 경험을 한 사람은 한 명도 없었다.

밀려드는 환자를 수용하기에는 응급실은 초만원이 되었고, 본관 1층 외과 및 정형외과 외래 복도, 현관 로비까지 몰려드는 환자를 수용하기에는 턱없이 모자랐다. 응급장비를 총동원하고 우선 지혈하기에 바빴고, 비상근무 중인 임상병리과 검사실 직원들을 총 가동하여 응급검사와 함께 수혈에 빠르게 대응해 나갔다. 혈액원의 재고 혈액은 금세 동이 났다. 수술장은 바로 개방하고, 수술준비가 되는대로 환자를 수술실로 옮겼다. 모든 수술실은 비상 상태가 되었다. 외과, 흉부외과, 신경외과에 가장 우선권을 주었다. 우선 살릴 수 있는 환자를 먼저 수술실로 보내고 생명에 즉각적인 위험이 되지 않은 환자는 우선 순위가 밀렸다. 이때 수술 순위를 결정하는 데 도움을 준 사람이 외과 박현준 선생이다. 곤봉세례를 맞아 수술에 참여하지는 못했지만 응급실에서 수술 순위를 결정하는 데 도움을 주었다. 외과에서는 장파열이나 간, 비장, 췌장 파열, 흉부외과에서는 흉부 관통상에 의한 출혈, 신경외과에서는 머리관통상 등 생명에 치명적인 환자를 우선 수술실로 올려 보냈다. 수술도 초응급술로 우선 환자를 살리는 수술방식으로 하였으며 나중에 합병증에 대하여는 추후에 생각하기로 하였다. 따라서 응급 지혈이나 천공에 의한 장기 봉합 정도로 하고 다음 수술로 넘어가는 경우가 많았다.

김○○(26세, 남)가 복부에 총상을 받아 간과 신장 파열로 수술을 받았으나 다음날 사망하였다. 오후 2시 50분에 장○○(38세, 남)가 총상을 받아 응급실로 와서 수술을 하였는데 간장 및 췌장 파열, 위 관통상을 받아 출혈 부위를 봉합하고 위 관통상을 봉합하고 유문부 성형술을 시행하였으나 수술 후 2일 만에 사망하였다. 1외과에서는 4년차 장세영 선생 혼자 집도를 함으로 수술대기가 많아져 내가 수술팀을 둘로 나누자고 제안하여 3년차인 본인도 술자로서 수술을 집도하여 한 명이라도 더 할 수 있었다. 2외과에서는 정용철, 곽홍수, 이정균, 정종길 선생 등이 쉴 틈 없이 수술에 참여하였다. 수술은 다음 날까지 계속되었고 이날 외과에서만 12건의 수술을 시행하였다. 흉부외과와 같이 수술을 시행한 경우도 있었으며, 사지관통상에서는 정형외과의 도움을 받아 같이 수술을 진행하였다. 다른 수술실에서는 신경외과, 흉부외과, 정형외과, 비뇨기과, 이비인후과 선생님들의 헌신적인 수술 광경이 보였다. 신경외과에서는 임○○(39세, 남)가 머리 열상으로 입원하여 수술도 하지 못하고 다음날 사망한 기록도 있다. 이날 6명의 환자가 응급실에 도착 시에 이미 사망한 상태였으며 수술 후에 사망한 경우도 몇 명 있었다. 대량 수혈에 따른 혈액 부족은 시민들의 자발적인 헌혈로 충당되었으며 나중에는 혈액이 충분히 사용하고도 오히려 남는 뜨거운 시민의식을 보여주었다. 나의 외과 인생에서 이렇게 많은 혈액을 사용한 적이 없었다.

식사는 간단하게 때우고 계속되는 수술로 육체는 피곤하였으나 오로지 생명을 살려야 한다는 마음으로 쉬거나 불평을 말 할 수 있는 처지가 못 되었다. 하나의 생명이라도 더 건지자는 마음으로 모든 병원 가족들이 합심하여 동참했다. 입원을 도와주는 행정직원, 응급검사를 마다 않고 의뢰한 검사 결과를 즉시 알려주는 검사실 직원, 쉴 새 없이 방사선 기기를 가동하면서 진단에 도움을 주었던 방사선과 직원들, 거의 모든 환자가 중환자였음에도 불평없이 환자를 간호했던 중환자 간호사들, 수술장에서 수술 세트를 준비한 간호사들, 다음 환자를 받기 위해 준비하는 도우미들, 평소에는 수술 스케줄로 외과 전공의들과 실랑이를 벌렸던 마취과 의사들도 두말 하지 않고 오히려 빨리빨리 환자를 옮기라고 독촉하며 한잠도 못자고 마취 백을 손에서 놓지 않는 모습들, 이런 헌신적인 의사들 덕에 그래도 몇 사람의 생명을 더 건질 수 가 있었다. 21일 하루에만 74명의 환자가 응급실로 내원하였으며 대부분의 총상은 도청 앞에서 벌어진 진압군의 총격에 의한 것이었다.

이날 사용된 혈액은 요구대로 공급하지 못해 방송을 통하여 응급 혈액을 구하느라고 임상병리과 검사실의 처절한 혈액 구하기 작전이 있었다. 이 때의 자세한 사항은 진단검사의학과 서순팔 교수(당시 레지던트 1년차 전공의)에게 듣는다.

"5월 19일 이른 아침부터 본관 1층 로비까지 부상당한 환자들로 가득하고, 침상이 모자라 바닥에 뉘인 환자도 많았으며, 의료진들 역시 가운에 피가 범벅된 상태로 치료에 임하였다. 검사실에 재고 혈액이 거의 동이 나고 있었는데, '병원에 피가 부족하다'라는 소문이 나돌자 헌혈하려고 본 병원을 찾아오는 시민들이 줄을 이었다. 여기에는 성인 남녀들은 말할 것도 없고, 중·고등학생은 물론 심지어 초등학생까지 자발적으로 동참하였는데, 그 와중에도 헌혈 적격자가 아닌 경우는 제외하였다. 옛 본관 1층에 임시 헌혈실을 급조하여 김영주 선생(병리사), 간호사 1인, 그리고 인턴 선생이 상주하며 긴 의자 또는 바닥에 매트리스를 깔고 헌혈 팩을 달았었고, 이날 하루에만 헌혈 혈액이 350유닛이 되었다. 특기할 사항으로는 병원 인근 금동, 황금동 등의 술집여인들도 수십 명이 한꺼번에 몰려들어 울부짖으면서 헌혈하기 위해 팔을 걷어붙였는데, 놀랍게도 당시 이들에 대한 수혈 전 검사에서 매독 등의 성매개 질환에 대한 양성 반응이 극히 적었다.

5월 22일에 광주시가 계엄군에 의해 고립되고, 도청광장과 금남로에 시민들이 집결하기 시작하였고, 우리 과에서는 일부 직원들이 이날 오전부터 헌혈 동참을 호소하는 광주적십자혈액원 헌혈차와 시민군 지프차를 활용하여 시내를 돌아다니면서 헌혈 혈액을 확보하기 위해 노력하였다. 또한 광주에 수많은 부상자가 발생하여 혈액이 절대적으로 부족하다고 소문이 나자, 멀리 경상도에서도 혈액을 수백 유닛을 보내왔지만, 부상자 진료에 필요한 혈액이 우리 시민들의 자발적인 헌혈로 충분히 확보되어 돌려보냈다."

수술실의 아수라장 같은 상황은 유경연 교수(당시 마취과 레지던트 4년차 전공의)에게 듣는다.

5·18민주화운동과 관련하여 본 병원에서 첫 번째 수술 환자는 5월 19일 계림파출소 근처에서 계엄군의 장갑차 위에 올랐다가 계엄군의 총에 맞아 대장천공으로 복막염이 발생한 당시 조대부고 3학년이던 김○○(19세, 남)이었다. 그 후 21일 1시경 금남로 도청 분수대 근처에서 밀집된 시민 군중에게 공수부대원들이 총기를 난사하여 대량으로 총상 환자가 발생하여 우리 병원에 쇄도하였다. 우선 수술을 받지 않으면 당장 생명에 지장이 있는 환자 43명을 사흘에 거쳐서 수술을 시행하였다.

그 후 25일부터 27일까지는 소강상태에 접어들어 5명의 환자가 더 수술을 받았다. 특히 계엄군이 광주를 다시 점령한 27일에는 당시 포악하던 공수부대가 물러나고 전방부대에 배치되었던 군인들로 대치되어 군인들의 태도가 순화되고 광주시민들과 마찰이 거의 없어 점령 당일에는 한 명의 환자만 수술을 받았다.

수술환자를 수술 부위에 따라 나누어보면 복부 총상으로 개복술을 받은 환자가 가장 많았으며, 그 다음이 두개내강 수술로 9명(19%), 정형외과 8명(17%), 흉부외과 5명(10%) 순이었다. 수술장에서 총상 환자를 수술에 임하면서 몇 가지 크게 아쉬웠던 점이 있었다.

첫째, 총상 환자는 대부분 대량 출혈을 동반하기에 혈액의 태부족으로 마취 관리에 큰 어려움이 있었다. 다행하게도 그 다음날 이 사실이 온 광주시민에게 전파되면서 우리 병원 혈액보관 냉장고가 넘쳐날 정도로 헌혈 열기가 높아져 수술 환자에게 큰 도움이 되었다.

둘째, 당시에는 수술할 수 있는 수술실이 4개로 밤을 새워가며 수술을 하였지만 응급을 요하는 환자 수에 비하여 그 수가 터무니없이 적었다.

셋째, 안타깝게도 수술 환자 중 10대가 15명(31%), 20대가 19명(40%)으로 젊은 생명들이 무참히 짓밟혔다.

마지막으로, 심전도, 침습적 혈압감시장치, 경피산소포화도 측정장치, 그리고 호기말 탄산가스분압 측정장치 등 현대적 감시 장치는 아예 하나도 없었고, 오직 수은 혈압계와 청진기가 감시 장치의 전부였다. 이리하여 대량 출혈로 혈압이 급격히 감소되고 환자 상태가 악화되는 상황에서 환자 관리에 큰 어려움이 있었다.

마취과 의사들은 5월 21일 밤부터 27일까지 5·18민주화운동 기간 내내 본동 11층 병실에 기거하며 24시간동안 병원을 지켰으며 지금도 그때의 악몽이 생생하다. 수술 환자 중 머리부 총상으로 의식이 소실되었으나 보호자의 만남이 원활하지 못하여 마취기록표에 남아 있는 이름이 '무명 남' 또는 '검정 스웨터' 등으로 지금까지 남아있어 우리 모두를 안타깝게 하고 있다. 당시 마취과 전공의는 4년차 유경연, 3년차 고범석, 2년차 송윤재, 오인우, 1년차 우인수, 박형덕, 이철승 선생 등이었다.

다음은 당시 수술실 상황을 이윤민 간호팀장(당시 수술실 간호사)에게 듣는다. 이윤민 팀장은 당시 같이 근무했던 간호사 세사람의 기억을 참고하여 당시 상황을 기록하였다고 했다.

집단 발포가 있었던 당일 외과계 의사들은 비상 진료팀을 구성하였고 수술실 당직 간호사는 퇴근하지 못하고 1주일 내내 병원에서 기거하였다. 응급대처를 위해 따로 정해진 숙소는 없었고 수술실 비제한구역의 일부에 책상을 붙여 숙소를 이용하였다. 대부분 식사는 구내식당에서 양푼에 담아온 밥을 비벼서 해결하였는데, 마지막에는 먹을 것이 없어 병원 앞 남광주시장에 갔으나 사올 게 없어 겨우 시든 야채와 김치만 가져온 적도 있었다.

5·18 환자 수술대장은 따로 두어 접수하였다. 심각한 총상 환자들이 많이 오면서 모든 재료들이 부족하여 병동 수간호사들을 동원하여 재료를 만들었다. 수술 봉합사는 대롱에 감아 소독하여 사용하였다. 거즈나 패드는 너무 부족하여 삶아서 세탁해온 것을 재사용하였고 포장을 못해 한꺼번에 여러 장을 통에 넣고 소독하여 수술에 조달하였다.

야간에는 간호사들이 전부 수술에 임해 순환 간호사가 없어 수술에 임한 간호사가 나와서 다시 준비하고 수술 들어가기를 몇 번씩이나 반복하였다. 그때 당시 한 환자(30대 후반, 남)은 안구를 곤봉으로 맞아 안구가 파열되어 영구적인 결손을 가지게 되었는데도 웃으면서 그나마 한쪽이 괜찮아 다행이라는 말을 하였으므로, 다들 가슴 아파했다.

총상 피해 환자들이 한꺼번에 수술실에 들어온 경우 너무 위급한데 사용할 기구들이 부족하여 소독할 시간이 없는 경우에는 기구를 알코올로 닦아서 사용한 경우도 있었다. 총알이 두 번이나 수술실로 들어온 경우가 있었는데 한번은 도로 쪽 수술방인 9번 방에서 수술 중에 외부에서 총알 파편이 들어와 벽을 맞고 튄 경우가 있었고 또 한번은 외부 복도를 통해 들어온 총알 파편이 수술 중이던 김신곤 교수님의 발목을 스처 지나간 경우도 있어 모두들 전쟁을 방불케 하는 공포를 느끼고 있었다. 수술 중에 들리는 큰 총소리에 놀라 수술침대 옆에 주저앉는 경우도 있었다. 전쟁이 일어나면 이런 상태가 되는구나. 우리는 이미 전쟁 시에 일어날 상황을 경험한 것이었다.

5월 23일, 목부위에 총상을 입은 김○○ 환자의 진료기록지

1980년 5월 22일(목), 시민 무장

거의 잠을 자지 못한 상태에서 11층 병실에 임시로 만든 의사 숙소에서 돌아가면서 새우잠을 자는 둥 마는 둥하고 아침이 되었지만 각자 응급실로, 병실로, 수술실로 들어가면서 하루가 시작되었다. 어제 총상으로 응급실로 밀려와 급한 환자부터 밤을 새워 수술하고 각과마다 순서대로 늦춘 환자를 우선순위를 정해 수술을 계속하였다.

정형외과에서는 노성만 교수, 김상수 교수, 레지던트로는 심재형, 문은선, 윤영성, 김주오 선생 등이 사지 관통상이나 총알 제거술, 신경손상 환자를 대상으로 줄지어 수술을 시행하였다. 신경외과에서는 이재혁 교수, 강삼석 교수, 정희성 교수, 레지던트로는 박인수, 김호경, 박중욱 선생 등이 머리부 관통상이나 두개내 탄알 제거, 두개내출혈이나 혈종제거술을 시행하였으며,

흉부외과에서는 총상으로 인한 기흉 또는 혈흉에 대한 지혈술이나 개흉술로 응급 환자를 살리는 데 손이 모자랐다. 특히 이동준 교수는 직접 수술에 참여하여 거의 모든 흉부외과 수술을 집도하였고, 레지던트로는 오봉석, 신기우, 최종범 선생 등이 참여하여 환자 살리기에 애썼다. 이비인후과에서는 김성남 교수를 비롯한 레지던트 정종진, 정채식, 조재식 선생이 두경부 환자를, 특히나 경부관통상 환자, 비골골절, 안면 총상 환자 돌보기에 최선을 다하였다. 안과에서는 총상이나 구타로 인한 안구 파열과 각막 및 결막 손상으로 인한 환자를 박병일 교수가 직접 수술하였으며 레지던트로는 김승호, 황호룡 선생 등이 수술에 참여하였다. 이날도 34명의 환자가 응급실로 내원하였는데, 총상 환자, 구타나 차량에 의한 교통사고, 도망가다가 추락한 사고 등 여러 가지로 다양하였다.

병실 문제는 그 당시 계엄치하이었기에 일반 환자를 보지 않는 빈 병실이 있어 남아도는 병실을 이용하였다. 의료진 사이에서 시내가 어떻게 돌아가는지에 대해서는 아무도 알 수 없고, 환자 돌보기에 온힘을 쏟는 통에 정신없이 하루를 보내면서도 근심과 걱정으로, 또는 포악한 진압군의 만행에 대하여 울분을 토로하면서 의료 행위를 하였다. 아마 이때만큼 환자를 돌보는 것이 애국하는 것으로 생각하면서 진료를 하지 않았나 하는 마음이다.

이날 오전 10시경 김○○(5세, 여)이 담양 나가는 길목(우산동)에서 계엄군의 총격으로 오른쪽 쇄골 상방과 오른쪽 팔꿈치를 관통하여 호흡곤란과 사지마비로 응급실로 내원하였다. 즉시 흉부외과에서 개흉술을 하고 정형외과에서 신경박리와 신경이식술을 받고 다행히 생명은 건졌으나 제2 척수신경 손상으로 인한 하반신 마비로 우리 병원에서 최장기 입원 가료 후 1981년 4월 11일 퇴원하였다.

식사는 짬짜미 시간을 내어 한 끼 때우는 식으로 하였고, 잠시도 쉬는 시간을 허락할 수가 없는 상황이지만 아무도 불평불만을 낼 수도 없었으며, 불평을 내는 의료진이나 병원직원은 하나도 없었다. 이날 밤에 진압군이 시 외곽으로 철수하였다. 시민군도 예비군 탄약고에서 총기를 입수하여 무장한 상태로 서로 교전이 있었다.

광주시가 계엄군의 외곽 봉쇄에 의해 고립되고 12시 경에는 시민군이 점령한 도청의 태극기가 검은 리본과 함께 반기를 게양하였다. 오후 4시 경에는 시체 18구를 도청 광장에 안치한 후에 시민대회를 개최하였다.

1980년 5월 23일(금), 광주 봉쇄

시외로 철수한 군인들과 시민군의 교전, 진압군들의 무차별한 구타로 인한 응급실 내원 환자는 오늘도 36명이나 되었다. 총상으로 들어온 환자는 줄어들었으나 시내 중심보다는 시외 쪽에서 환자가 왔다. 교도소 부근에서 교전, 화정동에서 교전, 시 외곽으로 가는 도로에서 진압군에 의한 총격으로 새벽부터 응급실이 북적였다. 교전 중에 생긴 부상자들은 광주 시내 병원으로 분산되어 후송되었고 그 중에서도 본 병원으로 가장 많은 환자가 밀려와서 응급실은 초만원 상태였다. 손상을 적게 받은 환자는 아예 환자 취급을 받지도 못하는 지경이었으며 주위의 더 위급한 환자들 때문에도 우선 치료를 요구 하지 못하는 경우도 있어 일부는 시내의 다른 병원으로 이송한 경우도 있었다.

오후 1시 30분 경 광주에서 화순으로 가는 길에 있는 주남마을에서 계엄군이 미니버스에 총격을 가해 17명이 사망하는 일이 벌어졌다. 이날도 36명의 환자가 응급실을 방문하여 중한 총상 환자는 순서에 의하여 수술을 시행하였는데 이때는 그간의 경험에 의해 질서가 잡혀가는 상황이었다. 수술장의 모든 수술실을 열고 수술을 하였으며 수술이 끝나는 시간과 다시 수술을 할 환자를 이끌고 수술실로 들어오는 시간도 단축되었다. 전쟁터에서나 벌어질 수 있는 상황을 몸소 경험하게 되었는데 다시는 이런 일은 일어나면 절대 안 되겠다는 생각이 들었다.

이 날은 학생수습위원회가 총기 회수작업을 시작하였으며, 도청 광장과 광장 주위에 사망자 명단과 인상착의가 벽보에 게시되었다. 이에 따라 많은 시민들이 서로 가족의 안부를 알려고 돌아다녔으며 본 병원에도 많은 사람들이 응급실과 영안실로 줄을 이어 찾아왔다.

1980년 5월 24~26일, 짧은 평화

이 기간에는 총 23명의 환자가 응급실을 방문하였다. 간간히 총상 환자가 들어왔으며 구타, 차량사고 등으로 환자가 찾아왔으나 그래도 비교적 여유가 있어서 정신을 차릴 수가 있었다. 1주일 이상 집에 가지도 못해서 갈아입을 옷도 없어 수술복으로 일상생활을 했으며, 집에 겨우 연락하여 속옷만을 가져오게 하여 갈아입을 정도였다.

26일 새벽에 화정동쪽에서부터 계엄군이 시내 쪽으로 진출하여 아마 오늘 중으로 다시 시내에 진입할 것이라는 소문이 나돌고 시민군은 도청에서 결사대를 조직하여 항거하기로 했다는 소문이 들렸다. 외과 김신곤 교수가 본 병원에 와서 취재하는 외신기자들에게 환자들에 대한 브리핑을 하였다.

1980년 5월 27일(화), 또 다시 만행

00시를 기해 광주시내 전역의 통화가 두절되었다. 02시에 계엄군이 다시 광주로 진입하였다. 우리 의료진들은 11층에서 잠을 자고 있었는데, 04시경에 우리 병원 쪽으로 수십 발의 총격이 있었고 우리 숙소로도 유리창을 뚫고 총알이 들어와서 모두들 겁에 질렸고 초긴장을 하였다. 본 병원 옥상에 기관총이 설치되어 있어 이를 제압하려고 총격을 가했던 것이다. 03시가 지나서 갑자기 계엄군이 우리 숙소에 들이닥쳐 "손들어"라고 하여 혼비백산하고 손을 들었고, 우리들이 의료진이라는 것을 확인하고 모든 방을 수색한 후 이상이 없음을 확인하고 돌아갔다. 1시간 후에 또 다시 계엄군에 의해 수색을 당하였다. 04시부터 도청을 완전히 포위하고 시민군을 공격하였고 이 때 많은 사상자가 발생하였다. 다친 사람들이 새벽부터 응급실로 들어와 다시 바쁜 하루가 시작되었다. 16명의 환자가 왔는데 대부분 총상 환자이었다. 수술실은 다시 바빠지고 모든 의료진들이 혼신의 힘을 다하여 생명 살리기에 매달렸다.

05시 10분경에 도청을 비롯한 시내 전역을 계엄군이 장악하고 진압작전이 종료되었다. 오전 8시가 되어 시내전화가 재개되었다. 이날 수술은 오후까지 이어졌으며, 이미 사망한 환자들은 응급실에서 바로 영안실로 보냈다. 응급환자 진료가 거의 마무리된 후에야 거의 10일 만에 집에 들러 가족을 보게 되었다. 정말로 기억하기 싫으나, 기억이 지워지지 않은 긴긴 날들이었다.

끝으로 5·18민주화운동은 많은 시민의 희생 위에 이루어졌는데, 그 안에는 전남대병원 전 직원의 희생과 봉사도 함께 있었다는 것을 기억하고 우리들도 우리나라 민주화 과정에 진정으로 동참하였다는 사실을 역사에 남기고 싶다.

06

원인 제공자 찾아
적절한 처벌 이뤄져야

유 경 연

1980 - 전남대학교병원 마취과 레지던트
2017 - 전남대학교 의과대학 명예교수

길거리 젊은이들에게 잔인하게 진압봉 휘둘러

나는 5·18민주화운동 당시 전남대학교병원 마취과 레지던트 4년차였다. 지금도 1980년 5월 18일 기억이 생생하다. 일요일이었던 그날 오후 4시쯤이나 되었을까. 유동 삼거리에서 공수부대원들을 태운 트럭들이 멈춰 섰고, 트럭에서 내린 그들은 금남로를 따라 도청 쪽으로 행진을 시작했다. 마침 나는 금남로 5가 교보문고 앞 서석병원에서 주말 당직을 서고 있어서 그 광경을 생생히 볼 수 있었다.

지금도 그렇지만 도심 한복판에서 무장 군인들을 본다는 것은 흔한 일이 아니기 때문에 불길한 느낌이 들었다. 아니나 다를까. 공수부대원들이 지금의 금남로 5가역 사거리 근처까지 갔을 때 끔찍한 일이 벌어졌다. 그들은 행진을 구경하던 20대 중반 이하의 젊은이들을 향해 진압봉을 들어 사정없이 패기 시작한 것이다. 그것은 그냥 때리는 것이 아니었다. 거의 죽이려고 작정

한 듯하였다. 분명히 말하거니와 최초로 군인들에게 맞은 사람들은 시위자가 아니었다. 정작 시위자들은 모두 도망치고 그들은 단지 길에서 구경하다 두들겨 맞은 것이었다. 그 뿐만이 아니었다. 무장군인들은 인근 학원에도 침입하여 강의를 듣고 있던 젊은이들에게도 똑같이 폭력을 휘둘렀다.

그들이 거칠게도 폭력을 휘둘렀던 것은 아마도 시위대를 조기에 제압해서 꼼짝하지 못하게 하려고 했던 것이 아닌가 싶다. 그렇다면 잘못된 판단이었다. 자녀가 이유 없이 개처럼 두들겨 맞는 데 절로 울분이 치밀 수 밖에 없었기에, 나이 먹은 사람들도 가만히 있지 못하고 일어설 수밖에 없었던 것이다. 이제 군과 전체 시민의 싸움이 시작되었다. 군의 입장에서는 '불순한 시위대'로 나선 젊은이를 상대로 시작했던 진압작전이 광주시민 전체를 대상으로 확대되어 버린 것이다.

총상 환자 발생

나는 5·18 기간 동안 전남대병원에 계속 머물렀고 시위로 부상을 당한 대부분의 중상환자들이 우리 병원으로 몰려 왔기 때문에 자연히 시위가 어디에서 어떻게 일어나고 있는지 알게 되었다. 5월 19일 오후 당시 조대부고 3학년 김○○(19세, 남)이 계림파출소 근처에서 장갑차 위로 올라가 뚜껑을 열려고 하자 놀란 군인이 총을 쏴버린 일이 일어났다. 김 군은 우리 병원으로 옮겨져 장세영 외과의사에 의해 4시간의 개복수술을 받았다. 그러기에 내가 아는 한에서는 5월 19일 오후 4시 30분쯤에 군의 최초 발포가 일어난 것이라 생각한다.

5·18민주화운동 동안 가장 많은 사상자를 내었던 것은 21일 오후 1시경에 발생한 도청 앞 집단 발포 사건이다. 당시 10만 여명의 군중이 전남도청 앞 금남로에 운집하여 도청을 점거하고 있는 군과 대치하고 있었다고 한다. 이런 상황에서 한 시민이 계엄군 장갑차 한 대에 화염병을 던지자, 불이 붙

은 이 장갑차는 뒤로 후진했다. 동시에 시위대 장갑차가 돌진해 분수대를 돌아나갈 때 장갑차에 사격을 가하고, 뒤따라오던 버스에도 사격을 하고 애국가가 울려 퍼지면서 분수대 앞 계엄군이 군중을 향해 총격을 가한 것으로 알고 있다. 공수부대는 전일빌딩 등 인근 빌딩에 올라가 시위대를 향하여 일제히 조준사격을 하였다. 이때 총격으로 사상자가 수백 명이나 되었다고 한다. 이 일이 계기가 되어 시민들도 '무장을 해야겠다'는 생각을 하게 되었고 급기야 경찰서 무기고를 털게 되었다고 알고 있다.

우리 병원에 응급 총상 환자가 많이 몰려왔다는 소식을 외과 김신곤 교수님으로부터 듣고 곧바로 한 시간 걸려 걸어서 병원에 도착하였다. 이때는 버스, 택시 등 교통수단이 완전 두절된 상태였다. 집을 나오면서 아내를 홀로 둘 수 없기에 마침 화정동 우리집을 찾아온 서울에 사는 처남을 따라 아내는 상경하기로 하고 헤어졌는데 전화가 끊겨 사태가 끝날 때까지 아내의 생사를 알 수 없었다. 이때 이미 길이 막혀 서울에 가지 못하고 처남 처가가 있는 나주까지 약 30km 거리를 걸어갔는데 도착한 시간이 자정을 훌쩍 넘었으나 광주를 빠져나가는 인파가 많아 밤길을 걸으면서 무섭지는 않았다고 한다.

헤아릴 수 없이 많은 총상 환자가 한꺼번에 몰려왔다. 당시 전남대병원에서 주로 사용하는 수술실은 4곳이었다. 현재에 비해 규모가 작아 이 환자들을 한꺼번에 처치할 수 없었고 대부분 응급실과 주위 복도에 침대도 없이 드러누워 차례를 기다렸다. 당장 수술을 받지 않으면 생명이 위급한 뇌손상, 뇌출혈, 출혈이 심한 복부, 흉부 환자부터 수술실로 옮겼다. 날을 새며 이튿날까지 26명의 환자를 수술하였다. 사흘째에는 응급수술이 필요하지만 비교적 출혈이 적은 개방성 골절 환자 등 11명을 수술하였다. 24일부터 27일까지는 수술 환자가 현저히 감소하였고(총 13명) 합병증이 발생한 환자, 그리고 외곽지역 주둔 병사들의 악랄한 조준사격으로 총상을 입은 환자들이 수술받았다.

초기 인적·물적·공간 미흡 아쉬움

병원에 수많은 중증 외상 환자가 한꺼번에 몰려들자 인적, 공간적 역량이 턱없이 부족하였다. 또 복부에 M16 총상을 입게 되면 총알이 회전하면서 복부를 관통하기에 출혈이 심하고 여러 장기가 화상을 입어 수술 부위가 잘 아물지 않으므로 패혈증 등으로 사망하기 쉽다는 것을 알게 되었다. 특히 대부분 환자가 심한 출혈로 혈액이 절대적으로 부족하였던 점은 너무도 안타까웠다. 실제로 출혈이 너무 심했던 일부 환자에서는 혈액 공급이 딸려 아예 수술 자체를 포기해야만 했던 경우가 가장 마음 아팠던 일 가운데 하나이다. 물론 수술을 받았다고 해서 모두 살게 된 것은 아니었지만...

다만 천만다행으로 혈액 부족현상은 이튿날부터 해소되었다. '혈액이 부족하여 많은 환자들이 수술을 받지 못한다.'라는 사실을 시민군의 가두방송으로 알게 된 시민들이 헌혈을 자원하는 발길이 끊이지 않았던 것이다. 심지어 당시 황금동에서 생계를 유지하던 아가씨들까지 헌혈에 동참하기도 하였다. 이에 우리 병원 개원 이래 가장 많은 혈액을 보유하게 되었고 보관할 냉장고가 부족할 지경이었다.

5월 21일 집단 발포로 인해 너무나 많은 시민 희생자가 발생하자 공수부대는 오후 5시 30분 쯤 광주 외곽지역으로 퇴진하였다. 일부는 조선대학교 앞을 지나 지원동과 주남마을 근처로 퇴진하여 광주-화순 도로를 차단하였고, 일부는 광주교도소를 경계하며 호남고속도로를 차단했으며, 전투교육사령부 계엄군은 송암동에 매복하여 광주-목포 간 도로를 차단하고 민간인의 광주 시내 전출입을 봉쇄하였다.

시외로 나가는 사람들이나 시내로 들어오려는 사람들을 향해 사격을 가하여 수 많은 손상을 입히기도 했다. 뿐만 아니라 원제마을에서 공수부대원들이 시위와 무관하게 수영하던 소년 4명을 총격으로 사망하게 하였다. 주남마을 근처에서는 문을 잠그려고 하는 여자를 겨냥해 사격 연습하듯 총을 쏘아

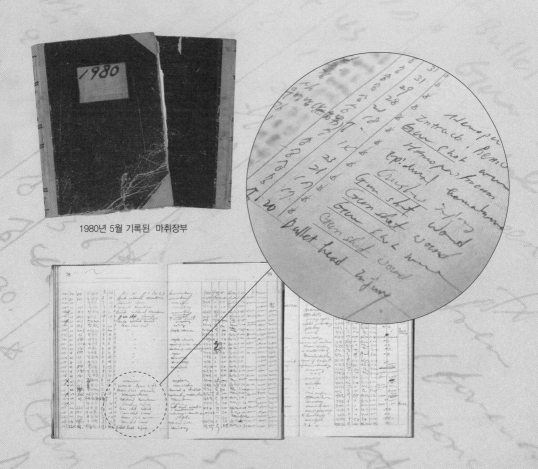

1980년 5월 기록된 마취장부

헤아릴 수 없이 많은 총상 환자가 한꺼번에 몰려왔다.
대부분 응급실과 주위 복도에 침대도 없이 드러누워 차례를 기다렸다. 당장
수술을 받지 않으면 생명이 위급한 뇌손상, 뇌출혈, 출혈이 심한 복부, 흉부
환자부터 수술실로 옮겼다.

골반 부위 비뇨기과 수술을 받은 사례도 있었다. 주남마을 근처에서 버스를 공격하여 17명이 사망하였다. 나의 처는 나주에 머물다가 이틀 후 지인의 오토바이를 타고 남평을 거쳐 효천 방면으로 집에 돌아오고 있는데 산 쪽에서 매복하고 있던 계엄군이 계속 사격을 가하기에 생명에 위협을 느껴 나주로 다시 되돌아갔다고 한다.

5월 24일 외곽(송암동)에서는 전투교육사령부 부대와 공수부대 사이에 상대를 시민군으로 오인하고 총격전을 벌이기도 하였다. 두 차례의 상호 총격전으로 군인들이 치명사상(13명 사망, 40여 명 부상)을 입고 국군통합병원으로 이송되었다는 사실을 나중에 군의관으로부터 듣기도 했다. 이는 공수부대와 전투교육사령부 부대의 지휘본부가 달랐고, 사격전 중지명령이나 다른 어떤 예비 신호도 없이(수하 없는 발포) 어떤 움직임이 보이면 곧바로 사격을 시작하였다는 반증이기도 하다. 실로 5·18민주화운동으로 사망한 군인이 총 22명인 점을 감안하면 오인사격 군인 사망자가 60%에 해당한다.

병원 담을 따라 병원을 둘러싼 채 군인들 일제 총격

전남대병원이 총격을 받은 일도 있었다. 처음 총격은 도청 앞 공수부대가 광주 외곽 화순 쪽으로 물러날 때였다. 그들은 퇴각을 하면서 시민군들의 공격을 두려워해 주변을 향해 무차별 기관총을 발사하였고 병원 내에 있던 나는 병원이 폭격으로 내려앉는 것으로 착각하였다. 그 때 병원에 총탄이 날아들거나 파편이 튀기도 했다.

군이 광주를 다시 진압할 때인 27일 새벽에 두 번째 총격이 있었다. 이른 새벽부터 계엄군이 진주한다는 다급하고 애처로운 여자목소리의 가두방송이 있었다. 20사단 병력으로 기억하건데 그들은 병원 담 쪽을 에워싸더니 일제히 총격을 가한 후 안으로 들어와 일일이 병실을 검문하였다. 군인들이 병원 내를 샅샅이 수색할 당시 일부는 화장실에 들어가거나 군인들의 눈에 띄지 않는 곳을 찾으러 다니기도 했다. 나는 잠시 '어떻게 죽으면 좋을까' 하다가 빨리 병실문 밖으로 나갔다. '기왕 죽을 것이라면 차라리 빨리 죽는 것이 낫겠다.'라는 생각을 했기 때문이다. 하지만 정작 군인들은 병원 근무자에게는 호의적이었다. 사전에 어떤 교육이 있었는지 모르겠지만 우리에게 함부로 대하지 않았고 행동도 절제하는 모습이었다. 확실한 기억인지는 모르겠지만 수색이 끝나고 같은 식당에서 그들과 함께 밥을 먹기도 했던 것 같다.

그 때 나는 숙소로 사용하고 있던 병원 11층 병실에 머물고 있었는데 대부분의 11층 병실 유리창이 깨어지고 여러 곳 벽면이 총탄에 맞았다. 병원 12층 옥상에 시민군에 의해 기관총 2대가 설치되어 있고(21일 오후 5시경 설치), 무장 시민군들이 점령하고 있다고 전해져 그곳을 향해 쏜 것인지 모르겠지만 나는 11층을 향한 것으로 느꼈다. 방에는 동료인 1년차 박형덕, 우인수 선생이 함께 있었는데 처음에는 밖을 내다보다가 나중에는 무서워 이불을 뒤집어썼다. 우인수 선생은 눈 주위에 파편을 맞았고 작은 흉터가 생기기도 했다. 그 일로 병원 건물 곳곳에 총탄의 흔적이 남아있었다. 당시에 헬기에서 병원을 향해 총을 쐈다는 이야기가 있는데 직접 보지는 못했다.

원인 제공자 찾아 적절한 처벌 이뤄져야

나는 5·18민주화운동 동안 21일부터 27일까지 쭉 병원에 있었다. 당시 버스, 택시 등 교통수단이 전무하고 전화가 불통상태였으며 모든 상점도 휴점이므로 어디에 나갈 데도 없었다. 그러나 숙식에는 큰 불편을 느끼지 못했다. 잠은 11층 병실에서, 식사는 병원 식당에서 다 해결할 수 있었다. 당시 의료 활동에서는 응급실 근무자들이 가장 큰 고생을 했을 것이다.

당시 정부에 대해 가장 실망스러웠던 것은 도청 앞 시위 군중에 대한 공수 부대의 무차별 살상이 있은 5월 21일 다음날 오후 9시 30분에 발표한 박충훈 신임 국무총리 서리의 대국민 담화이다. 광주는 "치안 부재 상태"라면서

"폭도(시민군)들은 총기를 사용하여 많은 군인을 살상하고 있는데 계엄군은 총을 사용할 수가 없으니 이런 안타까운 일이 없다."라고 한 것이다. 적반하장! 선량한 시민을 원인 제공자로 뒤집어씌운 것이다. 그래서 나는 '박충훈을 생각하면 그냥 박충훈이 아니고, 바보 사기꾼 충훈이구나.'라는 생각을 하게 되었다.

또한 군이 먼저 사격하기 시작했음에도 불구하고 시민들의 사격으로 군인들이 희생되었기 때문에 자위권 차원에서 대응했다는 거짓말을 한다. 실제로는 군인들의 총격으로 인해 너무 많은 무고한 시민들이 다쳐 이에 대응하기 위해 무장을 한 것이므로 전후관계를 명확히 따져야 할 것이다. 당시 진짜 총을 다룰 줄 아는 시민은 총기를 불법 사용하게 되면 사태가 진정된 후 법의 처벌을 받을 수 있음을 알므로 도리어 총기를 거의 들지 않았으리라고 생각된다. 시민군의 총을 맞고 죽은 군인은 거의 없었던 것으로 알고 있다. 직접 보지는 않았지만 서석병원 근처에 있는 오토바이 매장에서 사무를 보던 아가씨의 옷을 벗겨버렸다는 이야기를 듣기도 했다. 잘못에 대해서는 그에 상응하는 벌을 줘야 마땅하겠지만, 처벌보다 잘못을 인정하고 용서를 구하는 자세는 더욱 중요할 것이다.

07

그 모습은
말 그대로 참혹했다

정 종 길

1980 - 전남대학교병원 외과 레지던트
2017 - 여수전남병원 원장

5·18 당시 나는 전남대병원 외과 레지던트 1년 차였다. 이상한 조짐이 보이기 시작한 건 5월 18일부터였다. 공수부대가 사람들에게 곤봉을 휘둘렀다. 곤봉에 맞아 다친 환자들이 계속 병원을 찾았다. 이때까지만 해도 환자들은 주로 머리를 다쳐서 내원했다. 그런데 하루하루 환자들의 손상 패턴이 달라졌다. 19일에는 대검에 부상을 입은 환자들이 들어왔다. 병원 앞에서 대검에 가슴을 찔린 환자도 있었다. 그 이후에는 총상 환자들이 들이닥쳤다. 불과 며칠 사이에 병원은 준전시 상황처럼 변해 버렸다. 낮과 밤을 가리지 않고 곤봉, 칼, 총에 맞은 환자들이 응급실로 실려 왔다. 모든 의료진이 환자를 보느라 정신없었다.

총상 환자들이 들어오기 시작하면서 병원은 더 바빠졌다. 중환자들이 계속 실려 들어왔다. 하지만 많은 환자를 한꺼번에 수술할 수 없는 노릇이었다. 의료진은 응급실로 실려 온 환자들을 분류했다. 생존 가능성이 더 큰 환자를 우선순위로 가려내어 넘버링했다. 넘버링을 마친 환자들은 카트에 실어 수술방 앞에 줄을 세워 놓았다. 도저히 살 가망이 보이지 않는 환자들은 수술 순서가 뒤로 미뤄졌다. 의사들은 맡은 수술이 끝나는 대로 대기 중인 다음 환자를 수술방으로 들였다. 의료진 모두 고생을 많이 했다. 다행히도 수술을 받은 총상 환자들 대부분이 죽지 않고 살았다.

복벽이 사라진 고등학생

수술했던 환자 중, 조대부속고등학교 2학년 최○○이라는 환자가 아직도 기억에 남는다. 노동청 앞에서 총을 맞았다고 했다. 리어카에 실려 들어온 환자는 복부에 총상을 입은 상태였다. 그 모습은 말 그대로 참혹했다. 환자는 상복부, 하복부가 다 날아가고 없었다. 총알이 복벽을 다 없애 버린 것이었다. 내장이 몸 바깥으로 나와 꿈틀거리는 모습을 보고 있으려니 참담한 기분이 들었다. 내가 이 환자를 맡아 수술을 했다. 수술을 하면서도 난감한 일들이 많았다. 터진 창자를 다 봉합하고 보니 배를 닫을 수가 없었다. 복벽이 없는데 무슨 수로 배를 닫는단 말인가. 정말 기가 막혔다. 고민하다 수술대를 90도로 꺾었다. 환자의 몸을 'ㄱ' 상태로 숙여 놓고 남아 있는 복벽을 와이어로 최대한 끌어 당겼다. 고생 끝에 겨우 배를 닫을 수 있었다.

다행히 살 운명이었는지, 환자는 회복이 잘 되었다. 상처도 감염 없이 잘 아물었다. 이 환자와는 5·18 이후에도 레지던트 생활을 하면서 가끔씩 만났다. 최○○ 환자의 어머니는 내가 여수에 있는 병원으로 근무지를 옮긴 뒤에도 가끔씩 안부 전화를 해 왔다. 나중에 최○○ 환자가 광주MBC에서 로컬 가수로 활동한다는 말을 들었다.

철저히 고립된 광주

전남대병원이 시내 쪽에 위치해 있다 보니, 수시로 총소리가 들렸다. 무서워서 병원 바깥으로 나갈 수가 없었다. 시외 전화도 끊겨서 다른 지역의 사람들과 연락을 할 수도 없는 상황이었다. 의료진은 외부와 단절 된 채 시내에서 벌어지고 있는 일들을 소문으로만 전해 들었다.

하루는 공수부대원들이 응급실에 최루탄을 터뜨렸다. 병원으로 숨어든 시민군을 잡겠다고 벌인 일이었다. 최루탄 때문에 도저히 환자들을 볼 수가 없었다. 결국 환자들을 다른 층으로 올려 보냈다. 그리고 나서야 진찰을 하고 수술 준비를 했다. 공수부대도 대한민국의 국민이고, 광주시민도 대한민국의 국민인데, 무엇 때문에 서로에게 총부리를 겨누어야 하는지 이해가 잘 되지 않았다. 5·18 초기까지만 해도 나는 전두환이 누군지 잘 알지 못했다. 시민군이 결성되고, 광주가 아수라장이 되고 나서야 전두환이 누군지 알게 되었다.

의료진은 퇴근을 하지 못하고 병원 안에서 기거했다. 열흘 정도 바깥출입을 하지 못했던 것으로 기억한다. 전남대병원 1동 본관에서 인턴 숙소까지 가는 것도 어려웠다. 숙소로 가는 길에 간호전문대학 동산이 있었는데 그곳에서 계속 총격이 벌어졌다. 모두들 밖으로 나가는 것을 불안해했다. 당시 레지던트 임시 숙소는 병원 11층에 있었다. 나는 교수님께 11층 숙소를 내어드리고 외래 진찰대에 누워 잠을 잤다. 수술을 하고 짬이 나면 눈을 붙이는 식이어서 많이 힘들었다.

그러던 중 광주KBS에서 연락이 왔다. "어르신들이 무사히 있는지 확인 좀 해달라고 하십니다." 여수에 있는 부모님의 연락이었다. 나와 전화가 되지 않고, 광주로 들어오는 길도 모두 막히자 부모님은 여수KBS에 전화를 걸어 사정을 설명하고 도움을 청했다. 상황을 전해들은 여수KBS는 광주KBS에 연락을 취했고, 광주KBS는 내게 연락을 해 온 것이다. 나는 무사하며 병원에서 환자들을 보고 있다고 대답했다. 답답했지만 그렇게라도 안부를 전할 수 있어 다행이라는 생각이 들었다.

독침에 맞았다는 남자

5월 25일 즈음, 장○○(남)이라는 이름의 환자가 응급실로 실려 왔다. 환자는 등에 독침을 맞았다고 말했다. 환부를 살펴보니 무엇인가에 찔린 작은 상처가 있었다. 나는 환자의 혈압과 의식을 살폈다. 하지만 독극물에 의한 증상은 보이지 않았다. 당시에는 독극물 검사를 할 수 있는 상황이 되지 않았다. 조직 검사라도 해 두어서 자료를 남겨야겠다는 생각이 들었다. 환부의 일부 조직을 떼어 조직 검사를 맡기고 환자를 입원시켰다. 환자에게는 항생제 조금과 수액을 처방해 주었다. 그 후 정신없이 수술을 하다가 오후 늦게 병실로 올라가 보았다. 환자는 퇴원을 하고 없는 상태였다. 조직 검사는 피부, 피하 조직 쪽에 미세한 염증 반응이 있다는 리포트가 나왔다. 독극물 검사를 한 것이 아니어서 독극물인지 아닌지는 정확히 판단할 수 없었다. 하지만 내가 생각했을 때 독침은 아닌 것 같았다.

5·18이 마무리 되고 한 달이나 되었을까, 보안대에서 연락이 왔다. 독침 사건과 관련하여 진술을 해달라고 했다. 그 시기, 보안대의 분위기는 살벌했다. 보안대 직원들은 평상시에도 총을 차고 다녔다. 한번은 병원에서 이런 일도 있었다. 당시 외과 병동은 8층에 있었다. 중환자들이 많아서 의사들은 사람들의 출입을 자제시켰다. 그러던 어느 날, 박충훈 국무총리가 환자들 위문차 8층 외과 병동에 들렀다. 국무총리를 알아보지 못한 의사들이 출입을 막자 대번에 보안대와 관련된 살벌한 이야기들이 오가기도 했다. 나는 송정리 쪽에 있던 보안대로 가서 장○○ 환자에게 어떤 처치를 했는지, 어떤 것을 느꼈는지 등을 있는 그대로 말해 주었다. 보안대가 나를 협박하거나 진술을 종용하는 일은 없었다. 단순히 이 사건을 기록으로 남겨 두기 위해 날 부른 것 같았다. 다행히 별 탈 없이 진술을 마치고 돌아올 수 있었다. 그리고 장○○ 환자의 사건이 크게 이슈화 되었다. KBS에서도 인터뷰를 요청해 입원 기록지, 챠트 등을 스캔해 갔다. 심각한 사건이 아니었는데 왜 이렇게까지 이

© 나경택

계엄군과 시민이 대치중인 금남로 가톨릭센터 앞

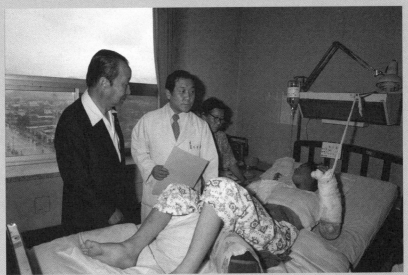

故 조영국 원장(왼쪽 두번째)과 전남대학교병원을 방문한 박충훈 국무총리 서리, 1980년 7월 3일
(출처: 국가기록원)

박충훈 국무총리 서리가 환자들 위문 차 8층 외과 병동에 들렀다. 국무총리를
알아보지 못한 의사들이 출입을 막자 대번에 보안대와 관련된 살벌한 이야기들
이 오가기도 했다.

슈화 되는 것인지 이해가 되지 않았다.

시민들이 내민 도움의 손길

5·18 초기, 외상 환자들이 계속 밀려들자 병원에 혈액이 부족해졌다. 병원에 피가 부족하다는 소식을 듣고 시민들이 자발적으로 헌혈에 참여해 주었다. 혈액 부족 문제는 금세 해결되었다. 덕분에 문제없이 수술을 진행할 수 있었고 많은 사람들이 살 수 있었다.

시민군에게도 많은 도움을 받았다. 한참 5·18이 진행 중일 때였다. 수술을 너무 많이 하다 보니 병원의 산소가 떨어지고 말았다. 그때는 전남대병원 지하실에 공조기실이 있었는데 그곳의 산소도 동이 나 버렸다. 환자를 마취하려면 산소가 꼭 필요한 상황이었다. 어떻게 해야 할지 몰라 고민하던 차에, 한 시민군에게 도움을 청했다. "산소통 좀 구할 수 있었으면 합니다." 시민군은 그길로 공단에 있는 산소 공장으로 달려갔다. 그리고 수술에 필요한 산소통을 구해왔다. 덕분에 수술을 계속할 수 있었다. 고마운 일은 이것뿐만이 아니었다. 환자가 워낙 많다 보니 병원이 가지고 있던 수액도 부족해졌다. 5·18과 무관하게 입원해 있던 환자에게는 수액을 주지 않았다. 외상이 있는 외과 환자에게만 수액을 맞춰 가며 아껴 보았지만 역부족이었다. 나는 시민군에게 수액을 구해 와 달라고 부탁했다. 어디서 구했는지, 시민군은 수액을 구해다 주었다. 그때 시민군들의 도움이 없었다면 병원은 더 혼란스러웠을 것이다.

내가 시민군을 도와준 일도 있었다. 27일 새벽, 공수부대가 위협사격을 하면서 진입하던 때였다. 그 시간 나는 병원 숙소에 있었다. 그런데 갑자기 방문이 열리더니 칼빈총을 든 시민군 한 명이 뛰어 들어왔다. 다급한 몸짓을 보니 숨을 곳이 필요한 것 같았다. 나는 재빨리 침대 시트를 들어 올리며 침대 밑을 가렸다. 시민군은 침대 밑으로 기어들어 갔다. 당시 침대 시트가 바닥까지 내려와 있어서 시민군은 잘 보이지 않았다. 2~3분 후, 계엄군이 방문을 열었다. 손에는 M16을 든 채였다. "여기 누구 안 왔습니까?" 나는 없었다고 대답했다. 계엄군은 두리번거리며 방을 살펴보았다. 발각되면 나나 시민군이나 큰일이 날 터였다. 다행히 계엄군은 시민군을 찾아내지 못하고 밖으로 나갔다. 한참 뒤, 나는 복도로 나가 보았다. 복도는 조용했다. "없으니 이제 나오소." 시민군은 말없이 침대 밑에서 나와 숙소 밖으로 나갔다.

고향으로 가지 못하는 시신

내가 보던 환자 중 염○○이라는 환자가 있었다. 일하던 중 배를 다쳐 담도가 터진 환자였다. 5·18이 한창 진행 중이던 어느 날, 염○○ 환자는 치료 중 상태가 악화되어 죽고 말았다. 환자를 영안실로 옮겨야 하는데 그럴 수가 없었다. 바깥에서 총소리가 계속 들려오는데 어떤 직원이 시신을 옮기러 올 수 있겠는가. 당시 영안실은 전남대병원 건물과 떨어져 있었다. 영안실 직원은 겁에 질려 병원 건물로 오지 못했다. 결국 하루 동안 시신을 병실에 눕혀둘 수밖에 없었다. 시신을 영안실에 안치하고 나서도 문제는 계속되었다. 염○○ 환자의 집은 담양이었는데 광주로 들어오고 나가는 모든 길이 차단되어 시신을 고향으로 옮길 수가 없었다. 결국 유가족들은 시신을 리어카에 실었다. 리어카로 광주 외곽까지 나간 후에야 시신을 차에 옮겨 실을 수 있었다고 한다.

08

수술과 수술,
그리고 또 수술

송 은 규
1980 - 전남대학교병원 정형외과 레지던트
2017 - 전남대학교병원 정형외과 교수

1980년 5·18민주화운동 당시 나는 정형외과 레지던트 2년차였다. 당시는 레지던트 시절이어서 병원에서 먹고 자면서 환자 수술 등에 참여하며 하루하루를 무척 바쁘게 지냈다.

5·18민주화운동이 발생한 뒤 3~4일이 지났을 때였다. 그 날 갑자기 많은 젊은 대학생 환자들이 병원으로 후송됐다. 의사 수와 병원 수용능력으로는 감당할 수 없을 정도로 많은 환자들이 한꺼번에 밀려들자 의료진은 정신이 없었다. 병원 로비에 침대를 놓고 환자를 치료해야 할 정도였다. 의료진의 손길을 필요로 하는 곳이 동시 다발적으로 많았기 때문에 이른바 군대에서 대량 전사자를 대하는 것처럼 치료를 할 수밖에 없었다.

그 때는 수술의 연속이었다. 한 환자를 수술하고 나면 또 다음 환자를 수

이 글은 2008년 한국의사 100년 기념재단의 「5·18민중항쟁 의료활동에 대한 재조명사업 연구 용역보고서」의 구술 녹취문을 구술자가 정리한 글이다.

술하고, 다시 다음 환자를 수술하기 위해 준비하고…. 그 같은 상황이 반복되면서 힘들고 지쳐갔고 편안하게 쉴 수도 없었다. 잠시 틈이 나면 수술장 옆에서 쪼그려 앉아 조는 것이 고작이었다.

치료용품, 물자 태부족 '발 동동'

당시 가장 큰 문제는 치료용품이나 물자가 절대적으로 부족하다는 점이었다. 특히 환자 치료를 위해 중요한 수액과 수혈재료가 부족해 발을 동동 구를 수밖에 없었다. 일반적인 공급 시스템이 모두 차단된 것이 원인이었다. 그래서 정확한 기억인지는 알 수 없지만 광주국군통합병원으로 연락해 그곳에 있는 수액을 일부 지원 받았던 것 같다. 군부와 학생들 간에 충돌이 있었던 시기였기 때문에 의아할 수도 있지만 당시에는 그랬던 것으로 기억된다. 또 시민들이나 의사들이 자발적으로 헌혈에 나서 소중한 생명들을 살리기도 했다.

환자들의 상태는 대부분 중상이었다. 총상은 물론이고 다리가 부러지거나 살이 짓뭉개져 있는 경우도 있었다. 병원은 전 직원들이 응급구호 체제로 전환을 했다. 나는 하루에 7~8명의 수술에 참여했다. 수술 건수로는 평소 때와 비슷한 수치일 수 있지만 당시에는 모두 응급상황이며 응급수술이었다는 점이 큰 차이점이라고 할 수 있을 것이다. 미리 예고된 날짜, 준비된 상황에서 진행하는 일반적인 일렉티브(준비된) 수술과는 비교할 수 없는 것이었다.

당시에는 치료제나 수술기구들이 부족했기 때문에 최상의 수술을 하지 못하는 경우도 있었다. 뼈가 부러졌을 경우 이를 고정하기 위한 수술을 해야 하는데 적합한 기구가 없다 보니 기존에 보유한 장비로만 맞춰서 진행할 수밖에 없었다. 수술실 구성 인원도 당시 출근한 간호사들이나 의사들로 짜였기 때문에 매우 힘들었다.

당시 대퇴골이 부러지고 몸 밖에 상처가 많이 난 젊은 환자가 있었다. 몸

안에 철심을 박고 뼈를 고정하는 수술을 해야 하는데 기구가 없어 애를 태울수 밖에 없었다. 임시방편으로 뼈를 잡아당기는 수술을 했는데 피가 그치지 않자 환자는 울면서 고통을 호소했다. "선생님, 선생님 제발 고통을 멈추게 해 주십시오. 너무 아픕니다." "선생님 살려주십시오." 환자는 소매를 붙들고 애원했다. 하지만 그에게 내가 해줄 수 있는 것은 몇 마디 위로의 말 밖에 없었다. 다른 환자를 살피기 위해 뒤돌아서는데 나 자신도 모르게 눈두덩이 뜨거워지는 것을 느꼈다.

나는 병원에서 일주일 가량을 꼼짝없이 지내야 했다. 잠은 물론이고 음식 재료의 보급도 원활하지 않다 보니 식사도 제대로 할 수 없었다.

이와 관련해 한 가지 기억나는 일이 있다. 일주일 동안 식사를 제대로 못했기 때문에 이를 해결하기 위해 집까지 걸어간 경험이다. 당시 나의 집은 동구 지산동으로, 신양파크호텔 근처에 위치하고 있었다. 30여 분을 걷는 동안 여러 차례 군인들을 만나기도 했다. 나는 가슴을 졸였지만 자신들이 이야기하는 '폭도'처럼 보이지는 않았던지 다행히 시비를 거는 군인들은 없었다.

집에 도착한 나는 어머니가 차려주신 밥을 먹었고, 병원에서 식사를 제대로 못한 동료들을 위해 도시락을 싸가지고 가서 주기도 했다.

당시 낮에 병원에서의 생활이 수술의 연속이었다면 밤에는 도청 앞으로 나가는 일이 잦았다. 그때그때마다 상황이 어떻게 변해가고 있는지 궁금했기 때문이다. 동료들과 함께 삼삼오오 모여서 "누가 어쨌다더라." "국민들이 어디까지 알고 있고, 어디를 잘못 알고 있다더라." 등의 다양한 이야기를 나눴다. 또 어쩌다 외신기자들을 만나면 서로 알고 있는 정보를 주고받기도 했다.

계엄군 퇴각하며 무차별 발포

당시에는 환자들 못지않게 의료진들도 많은 위험에 노출돼 있었다.

일반외과 2년차 전공의였던 내 친구의 경우 군인에게 끌려가 구타를 당한 사례도 있었다. 나는 병원에서 환자에 집중하느라 시위에는 소극적이었던 반면 그 친구는 그런 일에도 적극적이었다.

시민군들이 차를 타고 돌아다니며 시위를 하자 그 친구는 함께 동승했다가 계엄군에게 잡혀서 끌려가고 말았다. 그가 끌려간 곳은 조선대학교 운동장으로, 공수부대 주둔지였다. "옷을 벗어라" "저리 가서 줄을 서라" "쪼그려 앉아라." 등의 지시를 받고 수 차례 두드려 맞다 보니 친구는 불쑥 생명의 위협까지 느끼게 됐다. '이러다 자칫 죽을 수도 있겠구나.'라는 생각이 든 것이다. 그 때 마침 떠오른 것이 자신과 함께 의사 트레이닝을 하기 전에 군대에 간 친구였다. 그는 계엄군에게 얼른 자신의 친구 이름을 댔다. "내 친구가 아무개로, 아마 중위나 대위일 텐데 알아봐 달라. 그러면 내가 폭도인지 아닌지 알게 될 거다." 다행히 그 친구는 그 부대의 군의관으로 복무 중이어서 확인 후 풀려날 수 있었다고 한다. 나중에 그가 병원으로 돌아왔을 때는 팔의 뼈가 부러진 상태였다. 계엄군이 휘두른 둔기를 팔로 막다가 생긴 상처인 듯 했다.

나도 계엄군이 5월 21일경 퇴각할 즈음 죽을 뻔한 경험이 있었다. 오후 6시나 8시쯤 되었을까, 밤이었던 것으로 기억된다. 당시 병원 전공의 숙소는 충장로에서 화순 방면으로 나가는 도로와 인접한 건물 11층에 위치하고 있었다. 그런데 갑자기 "다다다다닥…"하며 총소리가 심하게 나는 것이었다. 계엄군이 퇴각하면서 길 주위에 작은 불빛이라도 보이게 되면 무조건 총을 쏘아댔던 모양이다. 그러다 보니 내가 머문 숙소에까지 총알이 날아들었다. 방 안에 총탄 자국이 선명하게 남아있을 정도였다. 그 때 만약 총소리가 난다고 호기심에 밖을 내다봤다가는 큰 봉변을 당했을지도 모를 일이었다.

계엄군이 병원 곳곳에 들어온 것은 시민군이 모두 물러난 후인 27일쯤이었던 것으로 생각된다. 계엄군은 자신들이 머무는 동안 병원에 대한 통제나 간섭을 심하게 하지는 않았다.

계엄군은 "그동안 얼마나 고생하셨습니까? 폭도들에게 얼마나 시달리셨습니까? 안심하십시오. 우리가 잘 지켜 드리겠습니다."라고 말했다. 나는 '아니, 우리는 그렇게 고생하고 힘든 적이 없었다. 되레 폭도들이 우리에게 아주 잘 해줬다. 그리고 그들은 폭도들이 아니고 시민군이다.'고 말하고 싶은 것을 꾹 참았다.

타 지역민 5·18 진실 몰라 안타까움

군인들은 병원 안까지 깊숙이 들어오지는 않았다. 병원 외곽에서 경계를 했을 뿐, 환자를 치료하는데 방해하는 일도 없었다.

계엄군이 광주로 진입할 때 후퇴하던 시민군이 병원에 들렀던 일도 있었다. 그 시민군은 병원 옥상에 기관총인지 무엇인지를 모를 것을 장착하겠다며 올라갔고, 병원 한 켠에 연막탄 같은 것이 있어 작은 소동이 있었던 기억도 있다. 하지만 심각한 상황까지 가지는 않았으며 잘 설득하고 달래면 그냥 돌아가는 것이 일반적이었다.

안타까운 점은 5·18민주화운동이 끝난 후 한참의 시간이 지나도록 타 지역 사람들은 5·18의 진실을 알지 못했다는 사실이다. 전공의 학회 등을 가면 자연스럽게 5·18이 화제가 됐다. 나는 그 때마다 타 지역 전공의들에게 당시 상황을 이야기했지만 그들이 5·18과 관련해 아무 것도 모르거나 잘못 알고 있다는 것을 알고 놀랐다. 언론에 보도된 것처럼 폭도들이 사태를 일으켜서 광주가 무방비, 무질서 상태이고, 심지어 북한과도 연결돼 있는 것으로 믿고 있는 사례가 다반사였다. 나는 그들에게 진실을 설명하느라 애를 먹었다. 처음에는 나의 말을 믿지 않던 그들도 후에 진실이 하나 둘 밝혀지고 언론을 통해 그 내용이 보도되면서 조금씩 이해를 하기 시작했다.

"선생님, 선생님 제발 고통을 멈추게 해 주십시오. 너무 아픕니다."
"선생님 살려주십시오." 환자는 소매를 붙들고 애원했다.
하지만 그에게 내가 해줄 수 있는 것은 몇 마디 위로의 말 밖에 없었다.
다른 환자를 살피기 위해 뒤돌아서는데 나 자신도 모르게 눈두덩이 뜨거
워지는 것을 느꼈다.

계엄군에 쫓기어 달리다 잃어버린 신발들.
© 나경택

5·18 의료 참 가치 인류로 확대를

정치나 혁명 같은 것과 관련해서는 매스컴이나 책 등을 통해 간접적으로 접했지만 직접 몸으로 체험한 것은 5·18민주화운동이 처음이었다.

지금 생각할 때 전두환 쿠데타는 우리나라에서 5·16 이후 두 번째로 발생한 쿠데타인데, 전라도 광주가 집중 목표가 됐다는 것이 너무 안타깝다. 그로 인해 너무도 많은 젊은이들이 희생됐을 뿐 아니라 우리나라 민주주의 발전도 더뎌졌다고 생각한다. 또 5·18 이후 많은 사람들이 한동안 충격이나 후유증에서 헤어나지 못했는데, 나 역시 그동안 꾸준히 진행해왔던 연구 활동이나 환자 치료에 대한 집념들이 갑자기 공허하게 느껴지기도 했다.

당시 상황을 돌이켜보면 의료진의 안전도 보장되지 못하고 환자들의 상태도 그동안 접해보지 못했던 모습이었지만 의료진들은 최선을 다했다고 생각한다. '우리가 할 일은 환자를 잘 치료해주고 돌보는 것'이라는 사명감 같은 것이 강해서 모두 자신의 몸을 돌보지 않고 열심히 했다.

'그런 사명감이나 열정들이 어디서 비롯되었을까.'를 생각해보면 뚜렷한 답을 찾을 수는 없을 것 같다. 어떤 지침이나 지시가 없더라도 모두 자연스럽게 그 행동에 동참했기 때문이다. 젊은 사람들이 눈앞에서 다치고 쓰러지고 피 흘리는 모습을 보면 '아, 얼른 도와줘야겠다.'라는 생각이 들 수밖에 없는 것이다.

모두 눈물겹도록 열심히 치료에 나섰다. 간호사들은 이리 저리 바쁘게 뛰면서도 힘든 내색 하나 없이 '어떻게 하면 환자를 편하게 해주고, 도움이 될 수 있을까' 하는 마음가짐을 갖고 있다는 것이 얼굴 표정에 고스란히 드러났다.

더욱이 의사 입장에서는 어떤 환자들이든 제대로 치료하는 게 우선이다. 더욱이 '군부 쿠데타에 의해 희생된 사람들'이라는 생각, '우리 편이 죽고 다치고 있으니 더 잘 치료해야 한다.'는 생각 등이 겹쳐 더욱 치료에 집중하기도 했다.

5·18민주화운동 동안 있었던 의료 활동의 의미는 현재에도 이어져야 한

다고 생각한다. 의료의 참 가치는 상처로 고통 받는 사람들에게 도움이 되고 위안이 되는 데 있다. 5·18으로 인해 다친 이들에게 의료진이 실천했던 숭고한 뜻은 지금 돈 없고 가난한 사람들의 관심과 치료로 이어가야 할 것이다. 또 이 같은 뜻은 궁극적으로 해외로 폭을 넓혀 세계 인류 복지까지 확대될 수 있기를 희망한다.

09

헌혈에 동참한
광주 시민들

서 순 팔

1980 – 전남대학교병원 임상병리과 레지던트
2017 – 전남대학교병원 진단검사의학과 교수

유신치하 말이던 1970년대 후반 전남의대 부속병원(현 전남대병원)에는 많은 변화가 있었다. 제10병동(지하 1층 지상 11층, 현 1동 본관)이 공사가 거의 완료되어(완공은 1979년 7월 21일), 79년 3월에 임상병리과(현 진단검사의학과) 중앙검사실이 2층으로 이전되었으며, 80년부터 EXIM(미국수출입은행)차관에 의한 의료기자재 도입이 시작되어 임상병리검사의 대량 검사 대상물처리의 시대로 들어섰다.

전남대병원 혈액원은 각종 환자에 대한 원활한 혈액수급책 마련의 필요성이 대두되어 79년 8월에 병원 구 본관 1층에 개설되었으며, 훗날 대한적십자사 광주·전남혈액원과 연계하여 헌혈사업도 펼치게 된다.

80년 5월은 혈액원이 개설된 지 1년도 채 되지 않은 시점이었다. 당시 필자는 임상병리과 레지던트 1년차로서 여러 임상 진료과에서 검사실에 의뢰되는 검사가 잘 수행되도록 가이드하고, 혈액원의 업무도 관리했다. 당시에는 휴일에 의뢰되는 검사는 직원들이 순번을 정하여 당직근무로 수행되고, 야간에 의뢰되는 검사는 야간검사부가 별도로 구성되어 응급검사 및 혈액원 업무를 처리하였다. 그때만 해도 제대로 된 응급검사실이 없었으며, 야간검사 담당 직원도 2명뿐이었다. 직원 2명은 교대로 돌아가며 하룻밤씩 근무하였고, 필자도 주로 출·퇴근을 않고, 중앙검사실 내 한 귀퉁이에 숙소를 만들어 지냈다. 그리고 5월 18일, 원내·외가 시끄러워지기 시작했다.

자발적으로 헌혈에 동참한 광주 시민들

5·18 기간 동안 병원은 비상체제로 돌아갔다. 우리 병원 응급실과 중환자실이 환자로 넘쳐서 10병동 본관 1층 로비는 물론 2층 복도까지 환자들로 가득 찼다. 외상 환자들이 너무 많아 침대가 부족했다. 급한 대로 바닥에 매트리스만 깔아 놓고 환자들을 누였다. 위중한 환자들이 줄을 이었다. 병원은 쉴 틈이 없었다. 외과 의사들은 맨 손으로 손만 소독하고 수술에 들어갔으며, 한 사람이 하루에 스무 명 넘는 환자를 수술하기도 했다. 환자를 살릴 생각에 날을 새면서도 피곤한 줄 몰랐다고 했다.

외상 환자들이 몰리면서 병원의 재고혈액이 부족해진 것이다. 혈액이 부족하다는 소식은 순식간에 밖으로 퍼져 나갔다.
많은 수의 사람들이 전남대병원을 찾았다. 혈액원 입구에서 병원 정문까지 구불구불하게 줄을 늘어선 사람들의 모습은 아직도 눈에 선하다.

헌혈에 참여해준 시민들(출처: '기억을 기억하라' 영상)

그런 와중에 난감한 일이 발생했다. 외상 환자들이 몰리면서 병원의 재고혈액이 부족해진 것이다. 혈액이 부족하다는 소식은 순식간에 밖으로 퍼져 나갔다. 항쟁지도부에서도 호외나 가두방송을 통해 이 상황을 사람들에게 알렸다. 그리고 시민들이 자발적으로 헌혈에 참여하기 시작했다. 시민들은 더 이상 사람들이 억울하게 죽어선 안 된다며 울분을 토로했다. 많은 수의 사람들이 전남대병원을 찾았다. 혈액원 입구에서 병원 정문까지 구불구불하게 줄을 늘어선 사람들의 모습은 아직도 눈에 선하다. 그 중에는 어린 학생들도 많았다. 자신의 피라도 써 달라며 우는 여고생들도 있었다. 16세 이하의 아이들과 69세 이상 성인은 규정상 헌혈을 할 수 없어서 돌려보내기도 했다. 유흥업소에서 일하는 느낌을 주는 여성들도 수십 명이 울면서 병원을 찾아와 헌혈을 해 주었다. 2~3일 동안 400유닛이 넘는 혈액이 확보되었다. 400명 이상의 시민들이 헌혈에 동참한 것이었다. 당시 병원에서는 '혈액이 부족하다.'는 등 헌혈과 관련하여 어떠한 광고나 소문을 내지 않았다. 자발적으로 헌혈에 참여해 주는 시민들에게 고마운 마음을 느꼈다. 이 상황을 이겨낼 수 있겠구나 하는 생각도 들었다. 다른 지역 의료계에서도 도움을 손길을 내밀었다. 경남, 경북, 충청 지역에 위치한 병원·의사회가 많은 양의 혈액제제를 보내 주었다. 하지만 시민들이 헌혈을 많이 해 준 덕분에 이들 혈액을 받지 않고 대부분 다시 돌려보냈다. 우리 병원을 비롯하여 조선대병원, 광주기독병원, 광주적십자병원, 국군통합병원 등 광주시내 주요 병원의 혈액 재고량이 1,000유닛 이상 확보되었다. 이후 혈액이 부족하여 부상자가 죽는 일은 없었다.

참혹한 5·18 현장

전남대병원의 혈액 수급 문제가 해결되고 나서 다른 병원을 돕기 위해 시민군의 지프차를 빌리기도 했다. 지프차에 적십자 표시가 된 백기를 꽂고 선배 의사인 문형배 선생을 비롯하여 몇몇 직원들과 함께 다른 병원을 돌아다니며 혈액수급 상황을 파악하여 부상자 치료가 원활하게 되도록 하였다. 한편으로는 오가는 길에 바깥 상황이 어떻게 돌아가고 있는지도 살필 수 있었다.

당시 전남도청 상무관 옆에 남도회관(식당)이 들어서 있는 빌딩이 있었다. 시민군은 이 빌딩의 벽에 매일 다른 내용의 벽보(일종의 대자보)를 붙여서 광주와 관련하여 긴박하게 돌아가는 국내·외 정세에 관하여 시민에게 알리기 시작하였다. 이 건물의 벽면이 시민군의 게시판인 셈이었다. 그곳에 걸린 현수막을 통해서도 긴박하게 돌아가는 상황을 짐작할 수 있었다.

광주적십자병원의 풍경은 아직도 기억이 난다. 이 병원 안쪽 마당에 큰 나무가 있었는데, 그 나무 밑에 시체들이 즐비하게 쌓여 있었다. 당시 광주적십자병원은 사회구조 활동을 많이 하는 병원이었다. 행려병자나 연고가 없는 환자들이 이 병원을 자주 찾곤 했다. 그런 이미지 때문인지, 시민군은 거리에서 시신을 발견하면 광주적십자병원으로 거두어 갔다. 짐승도 아니고 사람이 죽어 나뒹구는 모습을 보고만 있을 수 없었을 것이다.

5·18로 인해 너무 많은 사람이 죽었다. 안타까운 일들이 많았다. 병원에서 헌혈을 하고 나오던 여고생이 난데없이 총에 맞아 죽기도 했고, 충장로 입구 빌딩 안에서 창밖을 내다보던 사람이 저격을 당해 목숨을 잃기도 하였으며, 버스정류장으로 퇴근하는 남편을 마중 나온 임산부가 총에 맞아 죽는 일도 있었다. 전남대병원의 레지던트 선생도 큰일을 당할 뻔했다. 당시 일반외과 레지던트 2년차이던 박현준 선생은 계엄군에 걸렸다. 꼼짝없이 계엄군의 수용텐트가 설치되어 있던 조선대 운동장으로 끌려가 갇혀 있었는데, 마침 의대동기 의사(위○○ 중위)가 계엄군의 군의관으로 있어서 박 선생은 그의 이름을 대고 겨우 풀려날 수 있었다.

5·18 기간 동안 대부분의 의사, 간호사 등 의료진들은 퇴근을 하지 않았다. 귀가하지 않은 의사들은 당시 레지던트 숙소로 활용하고 있던 10동 11

층 병실에서 기거하며, 근무에 임하였다. 모두들 시위에 동참한다는 기분으로 열심히 일했다. 반찬이라고는 김치와 콩나물뿐인 식사였지만 누구도 불평하지 않았다. 병원 바깥에서는 아주머니들이 주먹밥이나 김밥 등을 가져와 시민군에게 나누어 주었다.

매일 오후 2시에는 전남도청 앞 분수대 광장에서 시민집회가 열렸다. 시민들은 물론, 교수, 학생 등 구분할 수도 없이 많은 사람들이 이 집회에 참여하였다. 필자 또한 동료들과 함께 거의 매일 집회에 참여하여 시민들이 시국선언을 하고, 연설하는 것을 지켜보았다. 당시 전남대 교수협의회장이던 정익섭 교수님은 교수시위 주도 혐의로 추후 심한 고초를 겪었다. 많은 시민들이 집회에도 참여하고, 시내를 이리저리 방황하였다. 하지만 5·18 기간 동안 시내에서는 절도나 강도, 폭행 등 시민에 의한 범법 행위는 거의 일어나지 않았다. 소위 무정부 상태였지만, 일반 사람들에 대한 시내 치안 상태는 오히려 평안하였으니, 이런 아이러니가 지구상 또 어디에 있을까? 대중교통 등 모든 교통편이 끊어져서 학동에서 금남로를 지나 임동까지 도로 중앙선을 따라 걸어 다녔던 기억은 지금도 생생하다.

필자의 기억으로는 두 건의 방화 사건이 있었다. 20일쯤, MBC가 내보낸 저녁 뉴스 때문이었다. '광주에 소요가 있었다. 불순분자 2명이 죽고, 1명이 부상 중이다.'라는 뉴스의 내용이었다. 화가 난 시민들은 광주MBC와 병원 인근에 있던 정부기관인 광주세무서에 불을 질렀다. 당시 광주MBC는 컬러 텔레비전 방송을 준비하기 위해 고가의 장비들을 사들여 보관하고 있었다. 이 화재로 건물은 물론 고가의 장비들까지 다 타 버렸다. 이후 시민들 사이에서 국민 혈세로 만들어진 공공기관을 태워선 안 된다는 목소리가 커졌다. 그 뒤로 시민들에 의한 불미스러운 큰 사건은 없었다.

전남대병원을 점령한 20사단

광주가 곧 함락될 것이라는 소문이 여기저기서 돌았다. 수시로 군용헬기가 시내 상공을 비행하기도 했고, 방송 등 언론에서도 광주가 무장 폭도들의 난동으로 무정부 상태에 있다고 보도하였다. 그즈음, 로이터(Reuters), AP통신, NHK 등 여러 외신 기자들이 삼엄한 경계를 넘어서 광주시내 및 전남대병원으로 취재를 왔다. 당시 우리 병원 구 본관(혈액원이 있던 붉은 벽돌 건물) 옥상에는 시민군에 의해 기관총이 도청을 향하여 설치되어 있었다. 5월의 화창한 날씨이었지만, 한편으로는 긴박한 상태의 연속이었다. 필자도 어느 외신 기자와 전남도청 앞에서 우연히 조우하여 인터뷰를 해 준 기억이 어른거린다.

21일이 되자, 계엄군이 시내에서 변두리로 퇴각하기 시작했다. 야밤에 화순 쪽으로 퇴각을 하면서 사방에 총을 쏘아 댔다. 우리 병원을 향해서도 총을 난사했으며, 그때 총알들이 병원 유리창을 뚫고 날아가 원장실 천장에 박혔다. 당시 원장실에 있던 조영국 원장님과 몇몇 교수님들은 놀란 가슴을 쓸어내려야 했다. 병원의 외벽도 총탄 자국으로 엉망이 되었다. 지금은 새 단장에 의해 없어지고 말았지만, 건물 벽에 있던 총탄 자국들은 오랫동안 남아 있었다.

27일 새벽 3시쯤, 20사단이 광주로 들어왔다. 광주로 들어온 20사단 병력은 전남대병원도 접수했다. 필자는 10병동 2층 중앙검사실내 시약보관창고에 들어가 문을 잠그고 숨었으며, 10여 명의 직원도 함께 있었다. 잠시 후 군인들이 복도를 거닐면서 검사실의 출입문을 두드렸다. 그리고 확성기를 통해 소리쳤다. "너희들은 포위되었다! 투항하라!" 우리들은 모두 손을 들고 검사실을 나와 복도로 나갔다. 관등 성명을 대자 군인들이 우리 몸을 수색했다. 검사실 안에 총기나 폭발물이 있는지도 물었다. 없다는 대답을 듣고서도 군인들은 검사실 안을 샅샅이 수색했다. 검사실에 어떠한 이상이 없다는 것을 확인하고 나서야 우리는 풀려날 수 있었다.

상무관에 안치된 희생자들

5·18이 마무리 되어 갈 즈음, 군관민 합동으로 희생자들이 안치되어 있던 상무관에서 검시작업이 시작되었다. 당시 우리 지역에는 법의학 업무를 병리의사가 주로 담당하였기에, 전남대병원 및 조선대병원의 몇몇 병리의사들도 참여하여 검시업무를 도왔다. 상무관 안으로 들어서자 무수히 많은 관이 보였다. 관 위에는 태극기가 덮여 있었다. 관 뚜껑을 열자 시신 위에 이름 등 신상정보를 적은 종이가 올려져있었다. 이름을 알 수 있는 시신은 그나마 다행이었다. 신원을 파악할 수 없는 시신은 '무명 씨'로 기재되어 있었다. 관 속의 시신은 어린 초등학생부터 어른까지, 남자, 여자를 가리지 않고 다양했다. 엄마와 아들이 함께 총에 맞아 죽은 경우도 있었다. 계엄군이 시위대뿐만 아니라 시위에 참여하지 않은 일반 사람에게까지 총격을 가한 것이었다.

우리는 시신의 사인이 총상인지, 자상인지 등을 가려내어야 했다. 총상으로 죽은 사람들은 총에 맞은 부위를 줄자로 재가며 M16에 맞은 것인지, 카빈총에 맞은 것인지를 판단했다. 시신의 사진도 찍었다. M16에 의한 손상은 카빈총에 의한 손상과 확연히 달랐다. M16에 맞은 시신들은 끔찍했다. 총에 맞은 신체 부위가 뻥 뚫려 있었다. 관에 들어가 있지 않은 시신도 있었다. 그런 시신들은 검시가 끝나면 관속에 넣은 후 태극기로 덮어 묶었다. 검시를 하는 내내 마음이 좋지 않았다. 그들이 편안히 영면할 수 있도록 검시업무에 참여했지만 우리들은 어떠한 권한도 없었다. 5·18 당시에는 이대로 광주가 그냥 독립되는 줄 알았다. 어쩌다 이런 일이 벌어졌을까? 국가가, 혈세에 의해 운영되는 군대가, 군인들이 시민들을 이렇게 죽여서는 안 되는 일이었다.

© 나경택

시체를 담은 관들이 놓여 있는 상무관

시신들은 검시가 끝나면 관속에 넣은 후 태극기로 덮어 묶었다. 검시를 하는 내내 마음이 좋지 않았다. 그들이 편안히 영면할 수 있도록 검시업무에 참여했지만 우리들은 어떠한 권한도 없었다.

남겨진 5·18의 흔적들

5·18이 끝난 후 오랜 시일이 지나서 전남의대 병리학교실 레지던트 당직실에서 이상한 것을 발견했다. 그 당시 필자는 동료의사인 이민철 선생과 함께 이 당직실을 사용하고 있었는데, 5·18 중 우리 대학·병원에 주둔한 계엄군에게 이 숙소를 잠시 빌려준 적이 있었으며, 그때 누군가 흘리고 간 M16 탄창인가 짐작되었다. 탄창은 거의 새 것 그대로 침대 매트 사이에 오랫동안 숨겨져 있었다. 잠시 이럴까? 저럴까? 망설이다가 그 무렵 변사자 부검을 의뢰하러 온 수사과 형사에게 그 탄창을 넘겨 주었다. 그리고 문득 80년 5월의 날씨가 지독히 더웠다는 것이 떠올랐다. 몇 년이 흘렀는데도 5·18의 흔적들은 계속 발견되고 있었다.

10

겨우 다섯 살
어린 아이에게까지 총을 쏘았다

오 봉 석

1980 - 전남대학교병원 흉부외과 레지던트
2017 - 전남대학교병원 흉부외과 교수

80년 5월에는 흉부외과 레지던트 1년차였다. 당시 아내는 큰 아이를 임신한 상태였다. 8월이 출산 예정일이어서 5월에도 배가 많이 불러 있었다. 5월 17일, 아내는 사촌 처남과 함께 본가가 있는 목포로 향했다. 공용 버스 터미널에서 아내와 처남은 이상한 것을 목격했다. 곤봉을 든 군인 여럿이 사람들을 화장실로 몰아가고 있었다. 아내는 버스를 타고 무사히 광주 밖으로 나갔다. 이날이 광주에서 나갈 수 있었던 마지막 날이었다. 이후 광주에서 나가던 모든 교통 수단이 끊어졌다. 그리고 5·18이 시작되었다.

5월 18일이 되자, 병원이 바빠졌다. 계엄군의 곤봉에 맞아 다친 환자들이 계속 실려 왔다. 응급실은 머리를 다친 환자들로 넘쳐 났다. 19일 이후에도 환자들은 계속 되었다. 전남대병원이 워낙 시내와 인접해 있었기 때문에, 병원 안에 있어도 바깥 상황의 심각성을 잘 알 수 있었다. 시간이 날 때 동료 의사들과 도청까지 가 보기도 했고, 광주MBC가 불에 타는 것도 보았다. 사실 그때까지만 해도 무섭다는 생각은 들지 않았다. 그런데 21일, 계엄군이 시민들에게 발포를 했다. 병원은 총상 환자들로 인산인해를 이루었다. 당시 전남대병원의 영안실은 시설이 좋지 않아 시체가 들어올 만한 상황이 아니었다. 시체는 주로 광주기독병원, 적십자병원, 도청 앞에 안치 되었다. 전남대병원에는 총상 등 크게 다친 환자가 많이 몰렸다. 환자를 눕힐 침대도 턱없이 부족했다. 급한 대로 바닥에 매트리스만 깔아 놓고 환자들을 받았다. 계단이 있는 곳까지 링거를 꽂은 환자들로 꽉 찼다. 병원은 순식간에 야전병원처럼 변해 버렸다. 그럼에도 질서 정연했던 것으로 기억한다.

어려운 와중에도 시민 의식은 따뜻하게 빛났다. 5·18 초기에는 병원에 혈액이 부족했다. 이러한 상황이 알려지자 시민들이 자발적으로 헌혈에 동참했다. 나중에는 병원에 혈액이 넘쳐나 처리가 어려울 지경이 되었다. 서로를 위하는 시민들 덕분에 병원도 점차 안정되어 갔다.

열악한 진료 환경

흉부외과에서 수술을 받은 사람은 그렇게 많지 않았다. 살아서 수술을 받은 사람보다 수술 전에 죽은 사람들이 더 많았다. 총알이 심장을 피해 폐 등에 박힌 사람만이 살아서 수술을 받았다. 대부분이 가슴을 정조준하여 쏜 총에 맞은 사람들이었다. 내 기억으로는 열 명 이상의 사람들이 흉부외과에서 수술을 받았다. 수술 도중에 사망한 환자는 없었다.

당시 전남대병원의 수술실 환경은 아주 열악했다. 가슴을 여는 기구는 한 세트 뿐이었고 수술장도 몇 개 되지 않았다. 한 번 사용한 기구는 소독기에서 2~3시간 동안 소독을 해야 했다. 하지만 기다릴 시간이 없었다. 제판올이라는 소독 용액에 기구를 20분 정도만 담가 두었다가 다시 꺼내어 사용하는 식으로 수술을 이어갔다.

나는 정신없이 응급실과 수술장을 오갔다. 동료 의사인 김찬용 선생도 수술장에서 나오지 않고 계속 수술을 했다. 이동준 선생과 수술장 간호사들도 고생을 많이 했다. 병원 인력이 부족해서 더 그랬던 것 같다. 수술 후 기구를 소독하는 일부터 환자를 이동시키는 일까지 다 하다 보니 몹시 바빴다.

저항 능력이 없는 병원에 총격을 가한 계엄군

총상을 입은 환자들에게 물었다. "총을 맞은 곳이 어디입니까?" 환자들은 제각기 다른 동네 이름을 댔다. 집단 발포가 있었던 도청뿐만 아니라 궁동사거리, 신역, 대인시장 근처 등에서 총상을 입었다는 사람도 있었다. 여러 곳에서 총격이 일어나고 있는 듯했다.

27일이 되자, 20사단이 사방에 총을 쏘며 광주로 들어왔다. 그때 나는 동료 의사 정종길 선생과 11층의 숙소에 있었다. 밖을 내다보려던 정종길 선생이 총에 맞을 뻔 하기도 했다. 두려움에 화장실로 들어가 숨은 의사도 있었다. 총격이 끝나자 계엄군이 병원으로 들어와 병실을 샅샅이 뒤졌다. 병원 안에 숨어 있는 시민군을 잡기 위해서였다. 밤이 지나고, 밖으로 나와 병원 외벽을 살폈다. 외벽은 계엄군이 쏜 총알로 벌집이 되어 있었다.

합병증으로 고통받은 생존자들

합병증으로 고생을 심하게 한 환자들이 많았다. 특히 흉복부 관통상을 입은 환자, 총알이 창자에서 횡격막을 뚫고 올라가 버린 환자는 병원 생활을 오래 해야 했다. 정○○(20대, 남) 환자가 그랬다. 흉복부 관통상을 입어 가슴으로 변이 나오는 등 심한 합병증을 앓았다. 병상을 지키던 부모님이 참 좋은 분들이었다. 그래서 더 안타까웠다. 이 환자는 결국 우리 병원에서 끝까지 치료하지 못하고 다른 병원으로 옮겨갔다.

합병증으로 고생했던 환자 중 이○○라는 환자도 있었다. 나와 같은 또래의 환자였는데 총성을 듣고 집 밖으로 나왔다가 총에 맞았다. 이 환자도 감

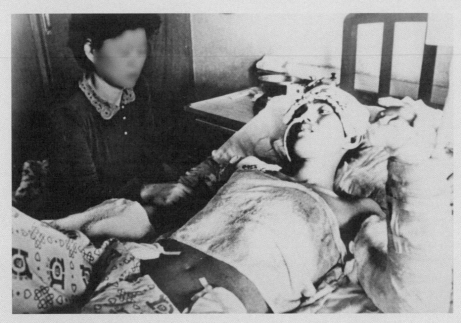

수술 후 병상에 누워있는 시민

살아서 수술을 받은 사람보다 수술 전에 죽은 사람들이 더 많았다. 총알이 심장을 피해 폐 등에 박힌 사람만이 살아서 수술을 받았다. 대부분이 가슴을 정조준하여 쏜 총에 맞은 사람들이었다.

염으로 합병증이 와 6개월 정도를 고생했다. 나중에 이 환자의 아내가 남편의 5·18 보상금으로 식당을 차렸다는 것을 알게 되었다. 식당이 전남대병원 근처였기 때문에 환자와도 자주 만날 수 있었다. 안타깝게도 이○○ 환자는 5·18 트라우마로 인해 일상생활을 정상적으로 하지 못했다.

대인시장 쪽에서 총상을 입은 유○○라는 40대 환자도 있었다. 간과 흉부 쪽에 총을 맞은 환자였다. 집에 있다가 집 안으로 날아든 총알에 맞았다고 했다. 수술 이후에도 오랫동안 내게 치료를 받으러 다녔는데, 합병증으로 고생을 심하게 해 신경이 굉장히 날카로웠던 걸로 기억한다.

왼쪽 유방에 자상을 입은 여자

20일 경, 병원 앞 오거리에서 여자 환자가 실려 왔다. 최○○(여)라는 환자였다. 왼쪽 유방에서 폐까지, 4~5cm정도로 깊숙이 찔린 자상이 있었다. 환자를 데리고 수술장으로 올라갔다. 상처 부위에 관을 꽂고 봉합하는 수술을 진행했다. 환자에게 무엇에 찔린 것이냐고 물었는데, 칼에 찔렸다는 것만 기억하고 있었다. 환자는 수술을 받고 3~4일 후에 퇴원했다.

5·18 청문회에서 정부는 대검에 의한 자상 환자가 없다고 말했다. 그 말은 거짓말이었다. 대검에 의한 자상 환자는 있었다. 흉부외과에서 수술을 받은 최○○ 씨 외에도 대검에 허벅지 등을 찔린 환자들이 있었다. 시간이 흐른 뒤에 최○○ 씨가 나타났다. 다쳤을 당시는 결혼도 하지 않은 아가씨였고, 다친 부위가 가슴이어서 세간에 알려지는 것이 꺼려졌다고 했다. 하지만 자신의 일이 계속 와전되어 나돌고, 정부가 자상 환자는 없었다며 거짓말을 하자 이를 바로 잡기 위해 나선 듯했다.

하반신이 마비된 아이

김○○(여, 5세)이라는 총상 환자는 아직도 기억난다. 병원에 실려 온 총상 환자는 어린 여자 아이었다. 아이의 가족들도 총상 입고 함께 내원했다. 아이의 아버지는 트럭에서 채소 장사를 하는 사람이었다. 5·18로 광주가 아수라장이 되자, 일가족이 처갓집인 담양으로 가기 위해 길을 나섰다. 계엄군들은 광주 밖으로 나서려는 트럭에 총격을 가했다. 아이의 가슴과 척추에 박혀 있던 총알을 내가 꺼내 주었다. 총알이 중요한 장기를 비껴간 덕에 아이는 겨우 목숨을 건질 수 있었다. 하지만 영영 다리를 쓰지 못하는 불구가 되고 말았다. 하반신 마비 판정을 받은 아이의 나이는 겨우 다섯 살이었다. 어린 아이에게까지 총을 쏘았다고 모든 의료진이 분개했다. 불구가 되기엔 너무 어린 나이었다. 이후 아이의 아버지가 5·18 관련 단체에서 활동한다는 이야기를 들었다.

시간이 많이 흐른 뒤, 우연히 김○○ 환자를 다시 보게 되었다. 아이는 어느새 어른이 되어 있었다. 5·18이 끝났지만 여전히 휠체어에 앉은 채였다.

11

총상 환자들을
치료하다

김 영 진
1980 – 전남대학교병원 외과 레지던트
2017 – 전남대학교병원 외과 교수

1980년 5월 18일. 그 날은 일요일이었다. 당시 나는 전남대병원 레지던트 1년차였고, 아내도 전남대병원 방사선과 레지던트였다. 휴일이라 아내와 함께 바람이라도 쐬려고 집을 나섰다. 버스를 타고 오는데 군인들이 시민들을 두들겨 패고 있었다.

마취과 스케줄 없이 수술 감행

우리가 처음 진료한 총상 환자는 김○○(19세, 남)이었다. 그는 도청에서 집단 발포가 있기 전에 총상을 당했다. 그의 말에 의하면 자신이 장갑차 위로 올라갔는데 장갑차 안에서 쐈다는 것이다. 총알이 그의 배를 관통했다. 다행히 수술은 성공했고 그는 아직까지 생존한 것으로 알고 있다.

도청에 가보려고 남동 성당을 지나 최춘 산부인과 앞으로 걸어가던 중에 최루탄이 엄청나게 쏟아졌다. 최루탄 가루 때문에 눈을 뜰 수가 없었다. 최루탄이 그렇게 무서운 줄 몰랐다. 할 수 없이 병원으로 돌아왔는데 그때 도청 앞에서 발포가 있었다. 발포 후 일부 학생들이 우리 병원으로 도망 왔고, 얼마 지나지 않아 환자들이 우리 병원으로 들어왔다. 머리를 맞아서 뇌수가 보이는 환자들도 많았는데 그런 환자들은 다 죽었다. 그 때는 환자들의 상태가 워낙 위급해서 마취과 스케줄을 내지 않고 우리가 환자들을 수술실로 끌고 올라가서 수술했다. 아마 그런 수술은 우리 병원 역사상 처음이자 마지막이었을 것이다.

공수부대 철수 후 총상 환자 없어

그때 상황을 돌아보면 후회스런 것이 있다. 그때 우리는 상태가 좋지 않은 환자부터 치료를 했다. 간 손상환자들은 빨리 지혈하지 않으면 죽는다. 그런데 총알이 간을 스치면 어떤 수술을 해도 회복 가능성이 낮다. 그래도 출혈이 심하니까 간 손상환자부터 치료하다 보니 상처가 경한 환자들, 잘하면 살릴 수 있는 환자들이 뒤로 밀렸다. 간 손상환자들은 수술을 해도 총알이 간을 간통하면 여러 장기가 망가져서 결국 살 수 없는데 다급하니까 그들부터 치료를 했다. CT고 뭐고 매뉴얼대로 할 상황이 아니었다. 혈압이 떨어지고 피가 쏟아지니까 먼저 치료를 했지만 그들의 상태는 워낙 심각해서 치료를 해도 살릴 수 있는 가능성이 희박 했었는데 당시에는 그런 판단을 할 만한 여유가 없었다. 위급한 환자부터 치료를 해야 한다는 생각만 했던 것 같다. 그런데 생존 가능성이 있는 환자들을 먼저 치료를 했다면 오히려 결과가 좋지 않았을까 하는 생각이 든다.

5·18 당시 환자들은 곤봉이나 각목으로 맞은 환자와 총상 환자로 나눠졌다. 18일, 19일에는 곤봉으로 진압할 때라 신경외과 환자들이 많았다. 복부 손상은 많지 않았다. 20일은 잠잠했다가 21일 오후 무렵부터 총상 환자가 들어 왔다. 응급실에 환자들이 쫙 깔려 있었다. 그 당시 응급실은 좁았다. 총상 부위나 심각성에 따라 환자를 분류해서 수술하고 치료했다. 총상 환자들

1980년 5월 기록된 수술대장

환자들의 상태가 워낙 위급해서 마취과 스케줄을 내지 않고
우리가 환자들을 수술실로 끌고 올라가서 수술했다. 아마 그
런 수술은 우리 병원 역사상 처음이자 마지막이었을 것이다.

은 많이 죽었다. 내가 본 복부 총상 환자는 대여섯 명 정도다.

공수부대가 외곽으로 철수한 후에는 환자가 거의 없었다. 광주로 들어오거나, 광주 밖으로 나가는 통로가 봉쇄되어 환자들이 안으로 들어오지 못했기 때문이었을 것이다. 그 후로 발생한 총상 환자는 국군통합병원으로 갔다.

병원을 향해 조준사격

전남대병원 레지던트 임시숙소가 11층에 있었는데 우리는 그곳에서 24시간 상주했다. 군인들이 들어온다고 해서 밖을 내다보니까 군인들이 우리를 향해 조준사격을 했다. 총알이 유리창을 뚫고 천장에 박혔다. 그것만으로는 양에 차지 않았던지 군인들이 우리 숙소까지 들어와서 침대 밑이며 화장실 등 곳곳을 샅샅이 뒤졌다. 시민군들이 병원에 숨어 있다는 정보 때문이었다. 또 도망간 시민군을 찾는다면서 병원에 최루탄을 던져서 응급실은 말할 것도 없이 계단과 복도를 타고 1층에서부터 11층까지 병원 전체로 최루가스가 퍼져서 환자들은 물론 직원들도 제대로 근무하기가 힘들었다.

그때 내가 듣기로는 병원 옥상에 시민군들이 기관총을 설치했다고 한다. 시민군의 동향을 살피기 위해 계엄군은 병원을 샅샅이 뒤졌다고도 한다. 군인들이 화순으로 퇴각할 때는 원장실이 있는 곳에다 총격을 가했다. 레지던트 2년차였던 박현준 선배는 조대 입구 부근에서 잡혀서 끌려 갔다가 맞아서 손이 골절 되었다. 오전에 잡혔다가 오후에 풀려났는데 살아 남을 수 있었던 것은 대학 동기가 공수부대 의무관으로 있어서 그분이 말해서 나올 수 있었다고 한다.

군인들이 퇴각한 후 도청 앞 상무관에 나가 봤다. 많은 시신이 있었다. '저렇게 많은 사람들이 죽었구나.'라는 생각에 참담했다. 만약 5·18민주화운동이 일어나지 않았다면, 수백 명의 사람들의 삶 역시 지금과는 많이 달랐지 않았나 하는 생각이 든다.

12

병원에
총질을 하다니

박 중 욱

1980 - 전남대학교병원 신경외과 레지던트
2017 - 청담통합의원 원장

"한국 군인은 다 어디 갔어요?"

초등학교 3학년 학생이 공수특전사의 만행으로 두려움에 떨면서, 울먹이며 하던 말에서 5·18의 서곡은 시작되었다.

필자는 당시 전남대병원 신경외과 레지던트 1년차로서, 배우기 위해 한참 열심히 뛰고 있었고, 외출이라고는 한 달에 한 차례도 빠듯하던 시기였던 터라 정치 사정에는 둔감하였다. 단지 무엇인가 사정이 복잡하게 돌아가는 것인가 짐작할 뿐이었다.

1980년 5월 17일 공수부대가 진주한다는 소문이 나고, 18, 19일 시내에서 공수부대원이 방망이와 대검으로 무차별 구타를 하고 돌아다닌다는 소문이 나기 시작했다. 총소리가 한번 나고 난 후, 병원내에서는 아주 중증환자를 제외하곤 1/3 이상 퇴원하여 병원의 분위기는 을씨년스러웠다.

그러던 중, 갑자기 한 번에 수백 명의 외상환자가 내원 하였고, 이학적 검사부터 엑스레이 촬영, 드레싱, 창상봉합술 등을 계속해서 시행하였다. 그러나 전두환 계엄군측에서 선량한 시민들까지 폭도로 몰아가고 있는 상황이었기 때문에 병상기록지로 인한 후환을 두려워하여 중증환자를 제외하곤 대부분이 치료 후 바로 귀가를 서둘렀다.

불과 오전 시간이 채 지나기도 전의 일이었다. 응급실이 환자로 인산인해를 이루기 시작하였다. 얼마가지 않아 호남지역에서 가장 큰 전남대병원의 수술기구와 드레싱 기구들이 부족하여 소독할 시간도 없이 여러 차례 반복 사용하게 되는 상황에 이르렀다. 인력도 부족하여 인턴, 레지던트, 심지어 의과대학 4학년생들까지 총동원했지만 역부족이었다.

가톨릭센터 화원의 주인이 공수부대의 만행에 항거하다가 계엄군의 곤봉에 맞고 응급실에 찾아왔다. 긴급하게 뇌혈관 조영술을 하고 경막상 혈종으로 사료되어 응급 개두술을 시행하였고 다행히 꽃집 아저씨는 생명을 건지게 되었다. 그게 신경외과의 첫 개두술 환자로 불안하고 긴박한 상황의 연속이었지만, 그 이후의 사정에 비하면 그래도 잘 수습된 것이었다.

다음 날부터는 상황이 급변했다. 대부분의 학생들은 계엄군을 피하여 시골집이나 산속으로, 의과대학 학생들도 병원으로 숨어 들었다.

곤봉에 의한 두부 타박상, 열상, 그리고 대검으로 인한 자상, 종내는 총기까지 등장하여 고등학생 한명이 복부 총상을 입고 응급실에 실려들어 오게 되었다. 환자의 얼굴은 새하얗게 변하고 쇼크 증상에 빠져 들었다. 일반외과에서 수술실로 옮기는 것만 보고, 나는 다시 응급실과 수술실로 정신없이 뛰어다녔다. 공수부대는 시위와는 전혀 상관이 없는 일반 시민에게도 일방적으로 폭거를 가하였다.

'청추하'라는 이름의 환자

억울하게, 그리고 너무도 비통하게 아무 죄도 없이 일반 학생과 시민들이 희생되니까 산발적이고 수동적인 저항에서 결국 자위방편으로 총기가 등장하는 적극 방어 상황이 오게 되었으리라 싶다.

응급실에는 점점 중환자가 늘어나고 두부 외상환자들은 의식을 잃고 혼수상태로 들어오기 때문에 제대로 인적사항을 파악할 수가 없었다. 어떤 환자는 후에 '강○○ 씨'로 밝혀졌는데, 처음에 '청추하'로 등록된 채 수술실, 중환자실, 병실을 거치는 꼬박 일주일 이상을 그렇게 불렸다. 왜 '청추하'였을까? 그가 응급실 내원 시, 청색 추리닝 하의만 입고 후송되었기 때문이었다. 이처럼 이름을 알 수 없는 환자들을 '모모남' '모모녀'라고 부를 수밖에 없었다. 물론 신분증을 발견하여 제 이름을 찾게 되는 환자도 있었다.

간호사, 의사 모두 일심동체로 꼼짝도 못하고 환자에 매달린 채 일주일이 어떻게 지나갔는지 모른다.

오후에는 환자가 계속 밀려들어 응급실은 발 디딜 틈도 없었고, 접수실 로비에다 군용 야전침대를 20대 정도 준비해 놓고서, 환자가 들어오는 대로 줄지어 눕혀 놓았다. 환자의 동공, 의식상태, 이학적 및 신경학적 검사 후에 대량의 전상 환자 처리 지침에 따라 환자를 분류하여, 수술 후 회복 가능성이 큰 경우를 우선적으로 수술실로 데려가고, 죽은 자는 영안실로 옮겨가는 상황이 계속 반복되었다.

한편, 수술실 사정도 마찬가지로 지옥이나 다름없었다. 일반외과, 정형외과, 흉부외과, 비뇨기과 등 모두 새벽부터 밤늦게까지 수술을 진행했다. 수술실 간호사도 의사도 파죽이 다 된 채 만 3일이 지나게 되었다.

총상 환자는 대부분 사망

시내 상황은 더욱더 악화 일로를 달렸고, 5월 21일부터는 총상 환자가 늘어났다. 단순한 두부외상 환자는 줄어 들었지만, 총상 환자는 대부분 사망하여 응급실을 거쳐서 영안실로 들어갔다. 수술 후 생명이 붙어 있다 하더라도 대부분 외상 후 3, 4일째에 뇌부종으로 사망 하였다.

담양쪽으로 공수부대 만행을 피해 가다가 총상을 받은 김○○(5세, 여) 가족 중 어머니가 후두부에 총상을 입어 수술을 받았고 딸은 척추에 총격을 받아 하반신 마비로 평생 휠체어에 의지하여 살아가고 있음을 추후 보도를 통해 알게 되었다. 5·18의 예기치 않던 참화는 그렇게 단란하고 평범했던 여러 가정을 난도질하였다. 그 때의 일들은 비극적이고 침통한 상처가 되어 죽은 자는 죽은 자이지만 산 자는 산자로서 하늘을 우러러 부끄러운 나날을 보내야만 했었다.

5월 19일 밤, 공수부대 군인들이 도망간 폭도들을 찾는답시고, 병원 응급실에 최루탄을 투척하였다. 응급실은 말할 것도 없고 1층에서부터 11층까지 계단과 복도를 타고 병원 전체로 최루가스가 퍼져나갔다. 쇠약한 환자들이 고통받는 것은 물론이거니와 이들을 돌봐야할 직원들도 멈추지 않은 기침과 눈물, 콧물로 뒤범벅이 되어 4시간 가량을 죽을 듯이 버텨내야 했다.

5월 21일에는 공수부대가 시내를 탈출하면서 병원에 대고 M16을 난사하였다. 필자는 그때 수술을 진행 중이었는데 총알 한발이 수술실 유리창을 뚫고 천장에 박혔다. 기가 차는 일은 며칠 전부터 수도 없이 겪었지만, 약자를 향해 일말의 자비 없이 곤두선 잔인한 인간 본성을 코앞에 마주한 느낌이었다. 탄알 흔적은 병원 벽 여러 곳에 그 후로도 몇 해동안 그대로 남아 있었다. 그때 군인들은 제어되지 않은 사냥터에 들어온 듯 목표도 모르고 미친 것처럼 보였다. 적군도 병원에 폭격을 하거나 총을 난사하진 않는데 이렇게 병원까지 유린하다니 대한민국 국군은 영 아니구나, 생각하면서 쓴웃음을 짓기도 했었다.

전남대병원이 손꼽는 대형 의료기관임에도 그렇게 일주일이 지나자 쓸 만한 항생제와 신경외과에서 가장 중요한 뇌부종을 막는 약물인 만니톨(mannitol)이 소진되어 고생이 이만저만 아니었다.

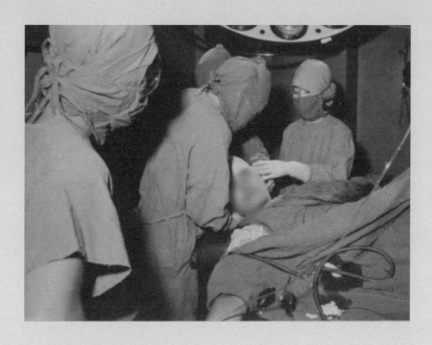

수술을 진행 중이었는데 총알 한발이 수술실 유리창을 뚫고 천장에 박혔다. 기가 차는 일은 며칠 전부터 수도 없이 겪었지만, 약자를 향해 일말의 자비 없이 곤두선 잔인한 인간 본성을 코앞에 마주한 느낌이었다.

이 땅에 전쟁이 나면 짧으면 1주일, 길게 잡아 2주일이면 모든 게 동이 나서 아수라장이 될 것 같다는 섬뜩한 생각도 들었다.

5·18민주화운동

우린 잊어서도 안 되며 잊을 수도 없을 것이다. 그날 무슨 일이 어떻게 일어났는지, 철저히 파헤쳐야 한다. 여전히 우리가 분개 하고 있는 이유는 무엇인가. 그건 바로 '진실'을 알자는 것이다.

지금의 대한민국은 경악스런 전대미문의 국정농단으로 들끓고 있다. 국민들은 분노와 정의로 진실규명과 주권반납을 요구하고 있다. 사유화된 권력과 구태정치의 잔혹사가 30여년이 지난 지금도 반복되고 있음에 참담함을 감출 수가 없다. 하지만 시민 의식은 고양되고 정보 인프라는 곳곳을 조명하여 정치적 농락을 좌시할 수 없도록 달라지고 성장하고 있다.

역사를 잊은 민족에게 미래는 없다고 하였다. 5·18 같은 과거사의 재조명과 진심어린 해법은 현재의 고난을 풀어 나갈 수 있는 타산지석이 될 것이다.

'정의'를 바로 세워서 잘못을 행한 자는 심판대에 올려 마땅한 벌을 받아야 할 것이며, 억울하게 당한 자에게는 보상과 화해, 무엇보다도 용서를 구해야 할 것이다.

상처를 내기는 쉽지만, 깊게 패인 상처는 결코 쉽게 아물지 않는다.

13

80년
오월의 일기

조 석 필
1980 - 전남대학교병원 소아과 레지던트
2017 - 화순베스트요양병원 원장

한줄 한줄 도표의 빈칸을 메워가고 있는 동안 가슴이 다시 저려왔다. '5월 광주' 소리만 들으면 눈물이 도지는 병. 16년이라는 기막힌 세월의 약발에도 불구하고 여전히 나을 기미가 없는 병….

손○○, 5월 18일 도서관에서 계엄군의 몽둥이에 맞음. 박○○, 5월 21일 금남로에서 계엄군의 총에 맞음, 하지 절단. 윤○○, 5월 22일 두부 총상, 27일 사망. 무명남, 내원시 사망, 그리고 또 무명남, 내원시 사망, 사망, 사망….

한줄의 도표를 채우는 나의 일은 몇 분의 노력이면 되었지만, 거기 이름이 적혀 나가는 사람에게는 그것이 그들의 가슴이요 팔다리며, 때로는 생명이었다. 나는 다시 5월 광주의 생명 하나와 빈줄 하나를 맞바꾸는 일을 하고 있는 것이었다.

이 글은 1996년 광주광역시의사회가 발간한 『5·18 의료활동』에 실린 글을 옮겼다.

자료 분석을 위해 아프더라도, 당시의 정황을 다시 기억해내야만 했다. 그 해 나는 전남대병원 소아과 주치의였다. 묵은 일기를 꺼내 보았다. 거기, 80년 5월의 일기에는 병원 진료부가 말하고 있는 사실들과 똑같은 사건들이 어지럽게 적혀 있었다. 어떤 보상으로도 결코 치유될 수 없는, 광주병(光州病)의 근원이 또박또박 적혀 있었다.

5월 18일

전국 일원 비상계엄 확대. 새벽 0시, 공수부대원이 소아과 주치의실에까지 난입하여 수색을 했다. 아침, 시내는 평온했다. 야유회를 다녀올 수 있을 정도. 낮, 공수부대들이 전남대, 조선대, 송원전문대 등에서 학생들을 구타했다. 금남로 충장로 동명동 등에서 산발적 시위. 이후 공수부대의 무차별 난타 시작. 참상.

5월 19일

피의 월요일. 공수부대들 무차별 살육. 닥치는 대로 때린다, 찌른다. 남녀노소 행동거지 불문코 때리고 쏘고 찌른다. 오후, 젊은 사람은 무조건 연행. 구석진 곳에 숨어있다 갑자기 튀어나와 걸어가는 사람을 두들겨 패 끌고 간다. 무차별 학살. 그래도 총칼 앞에서 시위는 끊이지 않는다. 응급실에는 주로 경상 환자들, 조대부고 학생이 장갑차에 오르다가 복부 총상을 입었다.

5월 20일

오후, 총상 환자가 들어오고 있다. 가슴이 터지고 머리가 깨어져 들어오고 있다. 시위대의 양상이 바뀌고 있다. 초기에는 학생 데모였는데 이제 아줌마, 아저씨, 남자, 여자, 가리지 않고 모두 시위대이다. 중학생, 국민학생도 있다. 아니더라도 모두 길거리에 나와 박수와 성원, 밥 해주고 돈 걷어주고 물 뿌려주고 음료수 주고 태극기를 걸어준다. 3시경, 공수부대가 갑자기 시내에서 사라졌다. 도청에만 모여 있다는 소식.

5월 21일

석가탄신일. 아침, 거리는 조용하다. 시민들이 거리에 나오기 시작. 많은 차량이 동원되고 있다. 시내버스, 스쿨버스, 관광버스, 광주고속, 자가용, 영업용 택시, 군용 지프, 트럭 20대, 마이크로버스, 남선연탄 용달차…. 온갖 차량에 머리띠 두른 시민들 가득 태우고 함성, 함성. 거리마다 함성소리. 국민학생 시위대도 출연했다. 도청으로, 도청으로, 계엄군의 완강한 저지선, 도청으로….

낮, 갑자기 병원이 소란해졌다. 사람들은 거의 넋이 나갔다. 계엄군이 도청에서 시위 군중을 향해 발포를 한 것이다. 밀려드는 사망자와 중상자들. 승용차에, 트럭에, 때로는 리어카에 실려… 총상 환자들을 실어 나르는 후배의 눈에 핏발이 섰다. 끊임없이 밀려드는 환자들. 응급실을 가득 메우고, 그대로 부족하여 병원 정문을 닫고 로비에 환자들을 눕히기 시작했다.

수혈용 혈액이 부족했다. 가두방송이 나갔다. '헌혈, 헌혈을 요함!' 지프를 통해 가두방송이 전달되자마자 수 백의 헌혈자가 몰려들었다. 끊임없이 밀려드는 헌혈자들. 부상자보다 많은 헌혈 시민들. 대부분이 여자들이다. 중학생도 보인다. 헌혈 후 갑자기 쓰러진 사람도 있었다. 놀라 쫓아가 살펴보니 원래 빈혈기가 있었다며 씩 웃는다.

이어 지금도 논란이 되고 있는 시민들의 무장 시점이, 적어도 1980년 전남대병원 소아과 주치의의 일기장에는 계엄군의 발포 이후라고 분명하게 적혀 있었다.

병원 옆에서 갑자기 총성. 모두 놀랬다. 공수부대 다시 작전 재개인가? 아니다. "아군이다." 이때 시민들의 환호, 박수 소리. 화순 나주 등지의 무기고에서 무기 획득, 무장하다.

저녁 8시경, 일곱 여덟 대의 군트럭 장갑차가 갑자기 허공에 위협 난사하며 학동쪽으로 질주했다. 마침내 공격이 시작되었구나 생각했는데 나중에 들으니 공수부대가 시내에서 퇴각하며 한 짓이었다. 그들은 전남대병원 앞을 통과하면서, 병원 응급실에까지 최루탄을 던지고 달아났다.

5월 22일

아침. 다시 아침이다. 시 외곽지역 완전히 차단. 고립무원의 광주. 운다, 김혜근(당시 동료의사—필자주)이가 운다. 답답해서 그랬을 것이다. 10시, 1시가 지나자 차량마다 시민을 가득 채우고 '도청으로, 도청으로' 외쳐댄다. 도청엔 수천수만의 인파. 가끔 교외에서 교전 중 부상 사망자들이 들어온다. 피난 가려던 몇몇 가족이 난사 당했다는 소식.

그 외에는 조용하다. 다시, 고립무원의 광주. 어쩌면 공포의 광주. 군대가 진입할 힘이 없어 이처럼 조용한 것은 결코 아닐 것이다. 얼마만큼 쑥밭을 만드느냐 그 정도를 결정하지 못한 까닭일 것이다. 과연 얼마만큼 죽이기로 작정 했을까. 천명? 만명? 아니면 십만명?

헬리콥터가 계속 떠다닌다. 지구전이다. 우리가 이길 수 없다는 것은 틀림없다. 그러나 항복하지 않으리라는 것 또한 틀림없다. 이제 와서 무릎 꿇기에는 너무 많은 피를 흘렸다.

5월 23일

오후 4시, 도청앞 광장. 시민궐기대회. 도청 지하실에서 시체 38구 발견, 신분증 없고 얼굴은 알아볼 수 없도록 페인트 칠했다는 소문. 최후까지 투쟁 다짐. 자체 치안유지 호소, 수습위원회에서 전권 장악. 시내 차량경보 자제 및 공포 쏘는 일 자제 호소. 교외에서 파상적 총격전. 지원동, 화정동 쪽이 심

헬리콥터가 계속 떠다닌다. 지구전이다. 우리가 이길 수 없다는 것은 틀림없다. 그러나 항복하지 않으리라는 것 또한 틀림없다. 이제 와서 무릎 꿇기에는 너무 많은 피를 흘렸다.

고립무원의 광주. 어쩌면 공포의 광주. 군대가 진입할 힘이 없어 이처럼 조용한 것은 결코 아닐 것이다. 얼마만큼 쑥밭을 만드느냐 그 정도를 결정하지 못한 까닭일 것이다. 과연 얼마만큼 죽이기로 작정 했을까, 천명? 만명? 아니면 십만명?

도청 앞 광장 상공을 선회 중인 헬리콥터
© 나경택

하단다. 공수부대의 조준 사격으로(보이면 쏜다) 들에서 일하던 시민이 맞음.

5월 24일

투쟁 7일째, 김재규 이하 5명 교수형 집행. 도청에서 다시 시민 궐기대회. 전두환 화형식도 거행. 저녁, 시내는 조용하다. 땅거미 질 무렵, 비가 내린다. 바람소리, 비명에 간 형제들의 울음소리.

5월 25일

일부 상가 문을 열었다. 다방도 어제부터, 오늘은 전자오락실도 열었다. 비가 오는데, 오는 비 철철 맞으며 지프 운전대에 앉아 졸고 있는 우리 시민군. 빗속에 서서 혹은 쪼그려 앉아 광주를 지키고 있는 이들을, 누가 과연 폭도라 부르는가. 시내는 외견상 평정을 되찾았다. 방역도 했다.

5월 26일

새벽 6시께, 화정동 쪽과(한전까지) 동운동 쪽에(무등경기장까지) 탱크 앞세운 계엄군이 진입했다 한다. 화정동 쪽은 시민군의 저항과 협상으로 일단 원위치(광주통합병원까지) 했으나 동운동 쪽은 그대로 진주.

오후 3시, 다시 도청 궐기대회. 며칠째 여전한 바람소리. 시민군에게 신의 가호가 있기를. 그들은 이미 알고 있었다. 계엄군이 곧 들이닥치리라는 사실. 오늘은 이미 궐기대회를 9시, 3시 두 번이나 했지 않느냐. 오후 궐기대회 때 지휘부들이 울먹였다. "시민들이여, 힘을 냅시다. 힘을 모읍시다. 돌아가지 마세요." 뭔가 알고 있었고, 느끼고 있었다. 마지막을 예감하고 있었다.

"지금 즉시 YMCA로 와 주세요, 모여 주세요." 시민군의 마지막 절규.

5월 27일

새벽 3시, 잠을 깼다. 시내 곳곳을 돌며, 울며 호소하는 여인의 가두방송. "시민 여러분, 계엄군이 들어오고 있습니다. 계엄군이 들어오고 있습니다. 젊은 분들 나와 주세요. 나와서 함께 싸워 주세요. 계엄군이 들어오고 있습니다."

투쟁 10일, 자유 10일 만에 광주의 영광은 막을 내렸다. 3시 30분경부터 진입한 계엄군이 5시경, 시내를 장악했다. 간헐적인 총성, 텅 빈 새벽거리에 며칠 전부터 계속된 바람소리. 6시 넘어 병원 앞으로 탱크 2대 통과.

6시 35분 라디오에서 현재의 작전상황 보도가 나왔다. 폭도 생포 207명, 사망 2명…. 나랏님께서 배포해 주신 자료이다. 공무원은 7시 30분까지 출근할 것. 아니하면 반군으로 간주, 시민 및 외국인의 외출 금지…. 그리고 음악 '콰이강의 다리'가 흘러나왔다.

적고 있는 동안 다시 눈물이 났다. "시민 여러분, 계엄군이 들어오고 있습니다. 젊은 분들 나와 주세요. 나와서 함께 싸워주세요."하던 그때, 의사이기 전에 분명 '젊은이'였던 나는 과연 무엇을 하고 있었던가.

결국 5월의 광주에서 의사들이 '했다'는 일은 특별한 일이 아닐 수밖에 없다. 외과파트의 동료 주치의들이 몇날 밤을 새며 수술을 했고, 그것이 5·18의 한 귀퉁이를 차지하는 작은 역사임은 사실이지만 그러나 의사들의 그날의 노고는 기실, 양동시장 아줌마들이 시민군에게 물 뿌려주고 떡 넣어주던 마음, 혹은 총탄 흉흉거리는 병원 마당에 헌혈하겠다고 몇 시간씩 줄 서 기다리던 시민들의 행동들과 본질적으로 아무런 차이가 없다.

5·18에 관한 한 나의 기억은 언제나 그날, 5월 21일의 헌혈 대열 앞에서 고개를 숙인다. '나는 쓰러져도 좋아요. 내 피를 뽑아 우리 형제들을 살려주세요.'하던 그날의 시민들의 마음이야 말로, 5·18의 성격을 규명하는 명확한 잣대의 하나라고 믿는다. 그날 병원을 찾았던 여인들이, 중학생들이 과연 정

치를 알았을까? 혁명을 깨달았을까?

여인들조차도 참을 수 없었던 분노의 한 표현이었을 뿐이다. 아이들조차도 참을 수 없었던…. 그 순간 표현할 수 있었던 방법이 헌혈이었기에 망정이지 만약, 만약에 저희들 앞에 총이 놓여 있었다면… 아이들은 분명 총을 들었으리라. 그리고 쏘았으리라. 저 무지한 폭력과 압살과 만행을 향해. 거침없이.

며칠 전 재판정에서 전(前) 대통령의 아들이 아버지 전두환을 욕하던 시민을 때렸었다. 제 아비의 모역에 대한 '참을 수 없는' 분노의 표현이었으리라. 그 아들에게 이제, 힘들겠지만, 그 때의 심정으로 80년 5월의 광주를 돌아봐 주기를 희망한다.

죄가 있건 없건 아비가 모욕 당하는 일이 폭행을 참을 수 없는 분노의 원인이었다면, 바로 그 심정으로 16년 전 5월의 광주가 죄 없는 아비 얻어맞고 찔리고 죽임을 당하면서 어떤 반응을 보였겠는가를 되새겨 주기 바란다.

14

눈알이
터진 환자도

김 승 호
1980 - 전남대학교병원 안과 레지던트
2017 - 김승호안과 원장

5·18 당시 주로 전남대병원 응급실에서 근무했으며 수술을 하는 외과가 아니면 다른 과는 모두 응급실에서 근무했다.

그때 결혼한 지 얼마 되지 않아 아이가 7개월 정도 되었다. 80년 5월 21일 전후로 3일 정도는 병원에서 숙식을 했으며 집이 양림동이라 가까워 출퇴근을 했었다. 응급실 근무 시는 주로 응급처치에 주력해 정신없이 뛰어 다녔다.

나는 당시 공수부대 7공수에서 79년 3월말 제대해서 80년 5월에는 제대한지가 1년이 조금 넘어서고 있었다.

80년 5월 16일과 17일에 전남대 의대에 공수부대가 들어와 있었다. 공교롭게도 7공수가 들어와 있어서 만나보니 지대장, 선임하사들은 제대 전에 같이 근무했던 사람들이었다. 그래서 같이 만나 식사도 하고 이야기도 나눴는

이 글은 1996년 광주광역시의사회가 발간한 『5·18 의료활동』에 실린 글을 옮겼다.

데 그 중에 의과대학생들은 공부만 하기 때문에 데모는 하지 않는다며 의대생들은 건들지 말라고 부탁을 한 적이 있었다. 그러나 응급실에 총 맞은 환자가 들어오고 응급실 주변에 많은 시민들이 모여 비통에 쌓여 있고 아비규환이 되자 총 들고 싸우러 가고 싶었다.

한번은 르몽드와 타임지 기자가 와서 사태의 심각성을 이야기 하면서 환자의 상태를 보여 달라고 요청해 응급실과 병실 환자를 아는 대로 설명해주고 사진을 찍도록 안내 했었다.

박병림(당시 전남의대 생리학교실) 선생이 하얀 가운을 입고 도청 앞에서 환자를 실어 나른 기억이 생생하다. 한 때는 얼마나 부상자가 많았던지 트럭위에 환자들을 쟁여 갖고 오곤 했다.

당시 박병림 선생은 환자를 기록하고 "이 환자가 급하니 빨리 치료해 주시오!"하면서 들것으로 받아 내리곤 했는데 지금도 그 상황을 생각하면 눈시울이 뜨거워진다.

한 환자는 심장에 총을 맞아 트럭에 싣고 오면서 응급처치로 심장을 누르면서 도착하여 결국 고생을 하여 치료했으나 사망해 정말 안타까운 심정이었다. 치료해 지금도 활동을 하고 있는 이○○, 김○○가 가장 기억에 남는다. 이○○의 경우 서울에서 내려오다 검문에 걸려 군화발로 머리를 뒤에서 찍혔다. 맞아서 눈알이 터졌고 눈썹부터 눈이 밀려 잔인한 생각이 들었으며 수술을 해 눈알을 제거했다.

김○○의 경우는 총을 들고 비아 쪽으로 가다 유탄에 눈을 맞았는데 한쪽 눈에는 총알이 박혀있고 한쪽 눈은 총알이 뚫고 지나갔다. 그 환자는 와서 "총알이 박혀 있습니다. 빼주십시오."라고 해서 살펴보니 정말 총알이 박혀 있어서 총알을 제거하고 치료를 해 다행히 약간의 시력을 건질 수 있었다. 그 때 환자를 나르고 부지기수로 눈 수술을 했으며 처치 중 사망한 사람만 네 사람이 내 손을 거쳐 갔다. 응급실 주변에는 시민들이 모여 울고 땅을 치

© 나경택

이○○의 경우 서울에서 내려오다 검문에 걸려 군화발로 머리를 뒤에서 찍혔다.
맞아서 눈알이 터졌고 눈썹부터 눈이 밀려 잔인한 생각이 들었으며 수술을 해 눈알을 제거했다.

김○○의 경우는 총을 들고 비아 쪽으로 가다 유탄에 눈을 맞았는데 한쪽 눈에는 총알이 박혀있
고 한쪽 눈은 총알이 뚫고 지나갔다.
그 환자는 와서 "총알이 박혀 있습니다. 빼주십시오."라고 해서 살펴보니 정말 총알이 박혀 있
어서 총알을 제거하고 치료를 해 다행히 약간의 시력을 건질 수 있었다.

곤했는데 화순 쪽에서 총기를 모아오자 함성을 지르며 만세를 불렀던 기억이 난다.

당시 시민군들은 빵이나 우유를 가지고 와서 진료진과 함께 나눠 먹었고 무엇이 부족한지 마이크로 묻고 다녔다. 수액제가 부족하다고 말했더니 시내에서 얼마나 많이 갖고 왔던지 응급실 한편에 가득히 쌓여 있었다. 그때 처음으로 전남대병원이 수액제 부자가 되었었다.

한번은 공수부대 후배가 전화를 걸어와 밴드부를 구해달라는 부탁을 해왔다. 아마 부대원들이 무료함을 달래려고 했던 것 같았다. "무슨 미친 소리냐 지금 시내 상황이 얼마나 심각한지 아느냐!"며 전화를 끊은 적이 있다. 그는 당시 공수부대에서 복무한 죄로 5·18이후에도 고개를 들고 다니지 못하고 고생을 많이 했다.

병원 숙소가 11층에 있어서 밖의 상황을 자세히 볼 수 있었다. 한번은 도청 쪽을 보니 군인들이 경찰을 쫓아 다니고 있었다. 경찰들이 골목으로 쫓기며 군인들이 뒤에서 쫓고 있는 이상한 일이 벌어진 것을 목격했다. 또 한번은 군인들이 퇴각한 모습을 보았는데 장갑차를 앞세우고 병력을 실은 차가 뒤에 따라가는 모습을 보면서 안도의 숨을 내쉰 적이 있다. 당시 병원 응급실에서는 군인이나 시민이 장악했어도 차이를 별로 느끼지 못했다.

대부분의 시간을 응급실에서 응급처치를 하며 보냈다. 당시 응급실은 각 과에서 주치의들은 모두 나와서 근무하도록 했던 것으로 생각난다. 따로 팀을 구성하지는 않았으나 각자 나름으로 모두 열심히 일했다.

85년도에 개업을 했을 때 치료받은 사람들이 선물을 해주고 화환도 보내주어 정말 보람이 있었다. 그런데 5·18부상자 명의로 화환이 들어온 것을 본 모 기관원이 화환을 치우라고 하여 치운 적이 있다. 5·18의 후유증이 그때까지도 계속되고 있었던 것 같다.

15

입원 환자들,
응급실 수액 양보 '감동'

정 성 수
1980 - 전남대학교병원 인턴
2017 - 전남대학교병원 마취통증의학과 교수

5·18 초기 대검 찔린 여성 환자 치료

5·18민주화운동 당시 나는 전남대병원 응급실 인턴으로 근무하고 있었다.

공군 군의관 대위로 전역한지 얼마 되지 않은 시기였다. 나는 5월 3일부터 6주간 응급실 근무를 했기 때문에 그곳 상황에 대해서는 많이 알고 있다고 생각한다. 하지만 일일이 날짜를 기억할 수는 없기에 생각나는 중요한 일을 중심으로 이야기할 수밖에 없을 것 같다.

당시 응급실 근무 형태는 정확하게 기억나지 않지만 2명, 혹은 3명씩 2교 대였던 것으로 생각된다.

5·18 초기에는 진압봉에 맞아서 온 사람들이 많았는데 이틀 정도 지난 후에는 칼에 찔린 환자가 병원으로 왔다. 군인들이 착검한 상태에서 시민을 찌른 것으로, 여학생을 포함한 여성 몇 명이 치료를 받았다. 그리고 그 후로 총에 맞은 환자가 오기 시작했다.

그 때는 순간 순간이 굉장히 급박했다. 처음에는 경찰이 시위를 막았으나 공수부대원들이 투입되면서 상황이 변했다고 할 수 있다. 경찰과 공수부대원에 대한 시민 인식도 대조적이었다.

그 즈음 함평에 있던 한 전투경찰이 대퇴 골절이 돼서 병원으로 왔는데 함께 온 학생들이 제지하는 바람에 응급실에 못 들어온 일이 있었다. 황급히 밖으로 나가서 보니 학생들은 그가 공수부대원이라고 생각하는 모양이었다.

그래서 나는 학생들에게 대표자 3명을 뽑아 직접 확인하도록 했다. 그리고 경찰이면 병원에서 받고 공수부대원이면 학생들에게 처분을 맡기겠다는 약속을 했다. 다행히 그는 경찰이라는 사실이 확인됐다. 전투복 안에 잎사귀 3개의 견장을 차고 있었던 것이다.

당시에는 대부분 5·18 관련 환자였다. 5월 18일부터 환자가 들어오기 시작해 19일, 20일이 되면서 환자가 크게 늘었다.

21일로 기억된다. 집을 향해 걸어가는 도중 충장로에서 사람들이 많이 모여 있는 모습을 보았고, 그 후에 예비군 무기고가 털리고 아시아자동차의 군수차량이 다닌다는 이야기를 들었다.

초기 환자들이 한꺼번에 들이닥칠 때는 일일이 이름을 확인하지 못할 경우가 많았다. 아예 의식이 없는 환자도 적지 않았다. 그로 인해 우리는 환자의 이름 대신 어디서 왔느냐를 기준으로 적기도 했다. 학동에서 데리고 왔으면 '학동 남1', 양림동에서 왔으면 '양림동 남1'하는 식이었다.

엑스레이를 찍고 피 검사를 하려면 지금은 돈을 받고 하지만 그때는 달랐다. 종이에 엑스레이, 피 검사 등 필요 항목만 적어서 환자 위에 올려놓으면 그것을 보고 검사하는 시스템으로 진행될 수밖에 없었다.

언제인가는 상사 계급장을 단 군인이 데리고 온 환자가 있어 차트에 그의 이름을 적어 놓았던 기억이 있다. 그 환자가 총을 맞았는지, 아니면 칼에 찔렸는지는 잘 생각나지 않는다.

환자들은 초기의 경우 응급실 좁은 곳에서 치료를 했는데 어느 순간 그곳이 가득 차버리는 바람에 환자 접수하는 공간을 활용해 치료에 나섰다. 그때는 밤낮이 없었다. 낮에 근무했다고 하더라도 저녁에 차분히 잘만한 여건이 안됐고 도저히 참을 수 없을 만큼 피로가 몰리면 어디에선가 잠깐 눈 붙이고 다시 응급실로 돌아오는 생활이 반복됐다.

평범한 일가족에게 이유 없이 총기 난사

그 때쯤 가슴 아픈 사연을 지닌 환자가 기억난다.

한 사람이 트럭을 몰고 왔는데 부인과 아이는 총상을 입은 상태였다. 환자를 본 나는 무엇인가 큰 일이 벌어졌다는 것을 알 수 있었다.

"어떻게 된 일입니까?"

"제 처갓집이 담양인데 아이 엄마와 아이를 태우고 가던 길에 봉변을 당했습니다."

그의 말에 따르면, 담양을 가는 길에 대위 계급장을 단 한 군인이 차를 세웠다고 한다. '어디로 가느냐.'는 질문에 그는 '담양에 있는 처갓집을 가는 길'이라고 대답을 했다. 하지만 그 군인은 고개를 가로저었다. '지금은 갈 수 없습니다. 그냥 돌아 가십시오.'라고 말했다. 그래서 할 수 없이 차를 돌려서 가려는데 느닷없이 뒤에서 총격을 가해 버렸다. 그로 인해 부인과 아이는 총상을 입었다는 것이다.

"선생님, 저는 지금이라도 도청에 들어가서 싸워야 할 것 같습니다."

아이가 치료를 받는 중에 그가 울분에 찬 목소리로 말했다. 나는 그가 나중에 5·18 청문회에서 증언하는 모습을 보았다.

언제 쯤인가는 군인들이 병원 응급실에 최루탄을 쏜 적이 있었다. 당시에는 '곧 공수부대가 진입을 할 것'이라는 말이 나돌던 시기였다. 우리는 외부에서 총알이 날아들더라도 응급실 내의 안전한 곳을 찾아 근무할 수 밖에 없었다.

그런데 느닷없이 응급실 앞에서 최루탄이 터져버린 것이었다. 최루탄 연기는 응급실을 금방 채웠고, 그것을 마신 사람들은 매우 고통스러워했다. 응급실에서 근무하던 사람들은 최루탄 연기를 피해 서둘러 밖으로 나왔다. 하지만 우리는 곧 응급실에 환자가 있다는 것을 깨달았고, 다시 되돌아가서 환자를 데리고 밖으로 나왔다.

최루탄 연기가 확산되는 것은 순식간의 일이었다. 응급실 옆에 계단이 있었는데 연기는 그 계단을 타고 빠르게 올라갔다. 결국 한동안 온 병원에 가스 냄새가 진동하게 됐다.

입원 환자들, 응급실 수액 양보 '감동'

5·18이 일어난 지 며칠이 지난 후 광주 외곽에서 들어오는 길이 모두 막혀버린 일이 발생했다. 그로 인해 병원에서는 또 다른 비상 사태가 생겼다. 수액 공급이 막혀버린 것이었다. 그런데 병원에서 직원들이 발을 구르고 있을 때 감동적인 일이 일어났다. 병실에서 응급실로 수액이 온 것이다. 병실 환자들이 "나는 당장 급하지 않으니 응급실부터 사용하라."고 했다는 이야기를 듣고 나는 가슴이 뭉클해짐을 느꼈다. 시민군들이 광주를 장악하는 동안에는 그들의 도움이 컸다. 급한 일이 생기면 우리는 응급실을 지키는 시민군을 부르곤 했다.

"무슨 일이십니까?"

"링거 수액이 부족한데 구해줄 수 있습니까?"

"예. 알겠습니다."

시민군은 얼마 지나지 않아 수액을 가져왔다. 하지만 시민군이 가져온 수액은 아미노산 같은 것으로 우리가 원하는 것이 아니었다. 나는 그것을 어디서 구해왔는지 궁금했다.

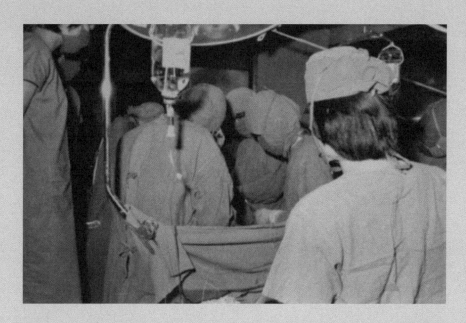

초기 환자들이 한꺼번에 들이닥칠 때는 일일이 이름을 확인하지 못할 경우가 많았다. 아예 의식이 없는 환자도 적지 않았다. 그로 인해 우리는 환자의 이름 대신 어디서 왔느냐를 기준으로 적기도 했다. 학동에서 데리고 왔으면 '학동 남1', 양림동에서 왔으면 '양림동 남1'하는 식이었다.

"이것들은 어디서 가져 왔나요?"

"약국에서 가져 왔습니다."

"이것은 비싼 것인데, 우리가 원하는 것은 아닙니다. 이것보다 싸고 좋은 것이 많이 있습니다."

시민군은 더 알아보겠다며 돌아갔다. 그리고 다음 날인가 전남대에 다닌다는 한 학생이 찾아왔다. 그는 목포에 갈 예정이라며 수액을 가져 올테니 필요한 종류를 적어 달라고 했다. 나는 그에게 필요한 수액을 적어 줬는데 그 후로 만나지는 못했다. 나는 그가 못 갔든지, 아니면 못 왔든지 둘 중 하나의 경우였을 것으로 생각한다. 시민군은 병원 업무에 매우 협조적이었다. 나는 병원 측에서 시민군에게 영안실에 관이 없다고 했더니 어디에서 가져 왔는지 한 트럭을 가져왔다는 이야기를 듣기도 했다.

"여러분의 이야기를 믿지 못하겠습니다."

또 한 가지 생각나는 일은 총기 관리에 대한 것이다.

5·18 초기에 시민군이 응급실에 총을 휴대하고 들어온 일이 있었다. 나는 "아무리 전시라고 해도 총을 들고 응급실에 오는 것은 안 된다."고 말했다. 총은 밖에 세워두고 누군가 지키면 될 것이고, 응급실에는 사람만 들어올 수 있도록 하라고 당부했다. 그랬더니 그 시민군은 "예. 잘 알겠습니다."라고 대답하고는 총을 밖에 두고 들어오는 것이었다. 환자를 데려올 때도 총은 손에 들지 않은 채 왔다가 돌아가고는 했다. 그 후 군인들이 퇴각하면서 양쪽으로 총격을 가한 일이 발생했다. 내가 알기로는 그 때 원장실에도 총알이 유리창을 뚫고 들어온 것으로 알고 있다. 다른 병원에 있던 환자 보호자도 총을 맞았다는 이야기를 듣기도 했다.

27일인가 군인들이 광주에 들어와 진압할 때였다. 당시 병원을 지키는 군인이 있었는데 나는 그들이 환자 보호자와 의사, 간호사를 붙잡고 많은 이야기를 나누는 모습을 보았다. 자신들이 직접 다친 환자를 보았기 때문에 그 동안에 있었던 일들을 묻는 것이었다. 새벽에 당직을 서고 있는데 한 상사가 문을 두드린 후 들어왔다.

나는 "무슨 일이십니까?"하고 물었다.

그는 "내일 새벽에 저희들은 철수합니다."라고 말했다. 그리고 "며칠 동안 있으면서 환자도 보고 환자 보호자, 의사, 간호사 선생님 말을 듣고 상황을 직접 보기도 했습니다만 우리는 여러분이 들려주신 말을 도저히 믿지 못하겠습니다. 죄송합니다."라고 말하는 것이었다.

직접 광주의 상황을 보고 들은 사람도 믿지 못할 일이 당시에 벌어진 것이었다.

16

'독재와 불의에 대한 항거'
모두 한 마음

조 백 현
1980 – 전남대학교병원 인턴
2017 – 조백현성형외과 원장

부마 민주화 항쟁 – 5·18 역사 격변기 체험

나는 1979년 10월 부마 민주화 항쟁 때에는 본의 아니게 시민을 막는 군인의 신분으로, 1980년 5·18민주화운동 당시에는 시민의 한 사람으로 역사적 격변기를 경험했다.

부마항쟁 당시 나는 계엄군 군의관으로 부산 시청에 파견 됐었다. 그곳에서 지내던 도중 10월 26일 박정희 대통령이 서거하면서 전국에 비상 계엄령이 선포됐다. 이 때 전 장병 영내 대기조치가 취해졌고, 공수부대는 부산에서 시위를 진압했다.

이어 같은 해 12·12 사태가 발생하고 전두환을 중심으로 한 신군부가 군권을 장악하면서 또 다시 비상 계엄령이 확대 선포되기도 했다.

이 글은 2008년 한국의사 100년 기념재단의 「5·18민중항쟁 의료활동에 대한 재조명사업 연구 용역보고서」의 구술 녹취문을 구술자가 정리한 글이다.

1980년 4월 30일자로 군의관 전역을 한 나는 5월 1일부터 전남대병원 인턴으로 근무하게 됐다. 인턴은 원래 각 과를 돌아가면서 주요 특성을 배우는 기간인데 2주 가량이 지나 5·18민주화운동이 발생하면서 거의 모든 인턴들은 응급실에 배치됐다. 당시 인턴들은 근무조를 편성했고 당직 날 근무를 하는 방식으로 생활했다.

1980년 5월은 전두환 정권이 들어설 때여서 곳곳에서 시위가 이어지는 등 정치적으로 불안했다. 확실한 기억은 없지만 당시 인턴 생활은 외부와의 접촉은 거의 없었다고 생각된다.

전두환 정권이 전국으로 계엄령을 확대했다고 하지만 전체적으로 사회는 평온했다. 약간의 소요사태가 있었지만 비상 계엄령 상태이다 보니 누군가 나서서 시위를 주도하거나 할 상황은 되지 못했다.

계엄군 발포 후 중환자들 급증

5·18 부상자를 처음 치료한 것은 5월 20일경으로 기억된다. 그보다 앞선 18일경에도 작은 타박상이나 곤봉에 맞은 환자가 있었지만 증상이 심각한 사례는 없었다. 인턴들이 응급실로 배치된 시점도 18일부터였다. 그 때 광주는 비상계엄 하에서 통행금지가 시행됐기에 병원을 찾는 일반 환자들은 거의 없었고, 그로 인해 인턴들은 응급실로 투입될 수 있었다.

당시 병원 진료는 일정한 절차나 방식이 없었다. 흡사 전쟁 상황을 방불케 했다는 표현이 정확할 것이다. 일반 진료 때처럼 진찰권을 끊어야 한다든지 등의 공식 절차를 밟도록 하면 그 사이 환자가 죽을 수도 있었다. 외래 환자나 보통 질환에 의한 환자 역시 거의 오지도 않았고 설령 온다고 하더라도 돌볼 수 있는 상황도 아니었다.

외래는 문을 닫고 응급실만 열어 놓은 상태였다. 응급실에 오는 환자는 출혈이 많고 거의 사망 직전인 경우가 많았다. 당장 환자의 이름도 모르고 인적사항을 알 수도 없었기 때문에, 예를 들어 주월동에서 온 남성 환자라면 '주월동 남'이라고 써서 테이프로 붙여 놓는 식이었다. 그 다음에는 응급실에서 수술준비를 해 수술방으로 옮기는 작업이 이뤄졌다.

당시 의료진의 배치는 병원의 지시에 따라 이뤄졌다. 인턴은 25명 정도였는데 그 중 2/3 가량이 응급실로 투입됐던 것으로 생각된다. 레지던트 일 년차도 밖을 나가지 못한 채 병원에서 숙식을 했고, 응급수술이 많은 일반외과나 흉부외과 레지던트들 역시 대부분을 병원에서 지냈다. 그나마 교통수단은 있었기에 상급 레지던트나 교수들은 긴급한 상황이 발생할 경우 달려와 수술을 진행하기도 했다.

당직 근무일 때는 이미 죽어서 온 사람, 응급실에서 사망한 경우 등으로 인해 하루 종일 분주한 시간을 보내야 했다. 환자들은 특히 5·18민주화운동이 발생한 뒤 3~4일이 지났을 때 계엄군이 총을 쏜 이후 가장 많았던 것 같고, 시민군이 총을 든 이후에는 되레 줄어 들었다는 기억이 있다. 근무 시간 외에는 틈틈이 숙소에 가서 쉬거나 가끔 집에 들러보기도 했다.

병원 내에 환자가 있고, 직원도 있어서인지 다행히 급식은 정상적으로 이뤄졌다. 반면 의약품은 부족한 경우가 많았다. 특히 환자가 오면 출혈이 있어 수액을 꽂는 것이 우선돼야 하는데 업체들로부터 공급이 끊겨 어려움을 겪어야 했다. 이에 따라 일부는 시민들이 약국 문을 두드려 사오기도 했고, 일부는 기부를 받기도 했다.

총상 입은 조대부고생 기억 생생

당시 응급실은 타박상과 총상 환자들이 대부분을 차지했다. 타박상은 머리를 맞아 찢어진 열상이 대부분이었고, 총상은 가슴과 복부에 상처를 입은 경우가 주류를 이뤘다.

일반적인 진료에서 총상 환자는 예외적인 경우라고 할 수 있었다. 의료진

주먹밥을 짓고 있는 시민

5·18 당시 환자나 의료진을 둘러싼 조건이 녹록지 않은 조건
임에도 불구하고 헌신적인 의료활동이 이뤄질 수 있었던 원동
력은 시민과 의사들의 단결력이라고 할 수 있을 것이다.
특히 의사들은 환자를 대할 때마다 어떤 고생을 무릅쓰고라도
열심히 치료해야겠다는 책임감과 열정이 컸다고 생각된다.

이 총상 환자를 접할 기회가 없었기 때문이다. 직접 전쟁을 경험한 것도 아니고 사전 지식도 부족했기에 그에 따른 준비도 미흡할 수 밖에 없었다. 일단 총상은 출혈이 많은 '초응급'이기 때문에 수혈부터 시작하는 방식으로 치료를 진행했다. 거기에서 조금 지연이 된다거나 출혈이 많은 경우에는 사망으로 이어지기도 했다. 응급실에 왔을 때 이미 죽어 있어서 사망 판정을 하고 영안실로 보낸 경우도 꽤 많았고, 수술방에 들어가서 죽은 경우도 있었다. 대부분은 시민들이 트럭 등에 환자를 태워 오는 경우였고, 이웃 주민 등이 데리고 오는 사례도 있었다.

당시 총상을 입거나 다친 사람들은 시위를 하던 이들이 아니고 선량한 시민, 학생들이 대부분이었다고 생각된다. 그래서 그런 환자들을 대할 때마다 더 마음이 아프고 애처로웠다.

총을 맞은 조대부고생이 한 명 있었는데 지금도 기억이 생생하다. 2학년 아니면 3학년이었는데 총상 부위가 손상이 많이 돼서 아주 오랫동안 병원생활을 해야 했다. 나중에 그 아이가 총상 1호인가, 2호인가로 기록됐다고 들었는데 지금은 건강하게 지내고 있을 거라고 생각한다.

5·18민주화운동 동안은 대부분 시민군이 장악한 시기였으므로 진료를 하는데 위험에 노출되거나 하지는 않았다. 하지만 계엄군이 퇴각했다가 마지막에 다시 진주할 때 병원에 총을 쏘았던 기억은 있다. 무차별적으로 총을 쏘는 상황이다 보니 벽에 총구멍이 나기도 했다. 또 도청과 가까워서인지 폭발음이 들리고 화염 등을 목격하면서 공포감을 느낀 적도 있었다.

5·18 당시 병원을 둘러싼 주변 환경에 대한 특별한 기억은 없다. 조선대 운동장에 계엄군이 있다 3~4일 후인가 철수를 했고, 시민군은 광주공원과 도청에 있었는데 병원 높은 곳에서 바라보면 일부를 볼 수 있었다.

시민군과의 관계는 매우 우호적이었다. 특히 환자를 치료해주는 것에 대해 매우 고마워했다. 특별히 불편하거나 볼멘 소리를 한 적도 없었다. 시민과 의사들이 한 마음이었기 때문인 듯하다.

'독재와 불의에 대한 항거' 모두 한 마음

5·18민주화운동은 민주화를 위해 선량한 시민들이 애를 썼다는 점에서 우리나라에 영향을 미쳤다고 생각된다. 광주의 민주화 정신은 학생독립운동부터 시작해서 오늘에 이르기까지 계속 이어지고 있다고 본다. 5·18민주화운동은 군부 독재에 대한 시민들의 항거정신이 표출된 것이다. 독재나 불의를 보면 참지 못하는 광주 시민들의 뿌리 깊은 의지가 되살아난 셈이다.

5·18 당시 환자나 의료진을 둘러싼 조건이 녹록지 않은 조건임에도 불구하고 헌신적인 의료활동이 이뤄질 수 있었던 원동력은 시민과 의사들의 단결력이라고 할 수 있을 것이다. 특히 의사들은 환자를 대할 때마다 어떤 고생을 무릅쓰고라도 열심히 치료해야겠다는 책임감과 열정이 컸다고 생각된다.

의사도 시민의 일원이고 국민의 일원이다. 군부독재나 불의에 맞서서 한마음 한 뜻으로 단결할 수 있었다는 데 의미가 있으며, 지금 다시 그런 독재나 불의가 있다면 똑같은 상황이 재현될 수 있을 것이라는 생각이다. 그것이 광주 시민의 참 정신이며 의지일 것이다.

17

아내와 딸아이의 침상을
오가며 울부짖었다

문 응 주

1980 - 전남대학교병원 인턴
2017 - 문응주정형외과 원장

5·18민주화운동 당시 나는 전남대병원 정형외과 인턴이었다. 4월 30일에 군의관 대위로 전역하여 5월 1일부터 전남대병원 인턴으로 출근하였다. 전역 직후여서 몸에 밴 습관이 민간인보다 군인에 더 가까울 때였다. 5월 18일, 병원에 이상한 조짐이 보이기 시작했다. 내가 병원에 온 지 한 달도 채 되지 않은 시기였다. 나는 의과대학 정문 수위실 앞에 공수부대가 와 있는 장면을 목격했다. 그리고 얼마 후, 응급실이 바빠졌다.

18일부터 계엄군에게 얻어맞은 환자들이 응급실로 실려 왔다. 대부분이 젊은 학생들이었고 상처가 그리 깊지 않은 타박상 환자들이 많았다. 그런데 시간이 지날수록 상태가 심각한 환자들이 늘어났다. 보통 응급실에 환자가 들어오면 인턴들이 주치의 선생님을 호출하여 오더를 받는 것이 순서였다. 하지만 환자가 너무 많아 주치의 선생님들만으로 감당이 되지 않았다. 인턴들도 정신없이 환자들을 보았다. 다행히 나는 군의관 3년 동안 실전을 쌓은 상태였다. 간단한 수술은 다 할 수 있었다. 응급실에서 해결이 되지 않는 수준의 환자들은 주치의 선생님에게 넘겨져 수술실로 들어갔다.

그리고 21일이 되었다.

시민들을 향해 떨어진 발포 명령

21일, 나와 몇몇 동료 의사들은 11층 숙소에 있었다. 그때만 해도 11층에서는 도청 앞이 훤히 다 내려다보였다. 창밖으로 도청의 상황을 살펴보는데 분위기가 심상치 않았다. 계엄군이 도청을 둘러싸고 시민들이 그 쪽으로 몰려가고 있었다. 그러다 어느 순간 빵하고 커다란 소리가 들렸다. '아, 계엄군이 총을 쐈구나!' 순간 도청 앞에 잠깐 동안 침묵이 흘렀다. 그리고 우르르 그 자리에서 도망 나왔다. 잠시 후, 빨간색 헤드라이트를 켠 트럭 하나가 전남대병원을 향해 달려오는 것이 보였다. 나는 동료 의사들과 함께 부랴부랴 응급실로 뛰어 내려갔다. 병원을 향해 달려온 트럭에는 총에 맞은 환자가 실려 있었다. 발포 명령 이후 처음으로 병원에 들어온 총상 환자였다. 총상을 입은 이마 부위는 뻥 뚫려 있었다. 응급실은 난장판이 되었다. 총상 환자들이 쉴 새 없이 들이닥쳤다. 21일 전에도 장갑차 위에 올라갔던 조대부고생이 복부에 총상을 입고 내원한 일이 있었다. 하지만 상황은 그때와 차원이 달랐다. 응급실 바닥부터 복도, 원무과 앞까지 환자들로 가득 찼다. 병원의 모든 인턴들이 응급실에 투입되었다. 당시 군의관으로 근무하며 경력을 쌓고 온 인턴들이 많았다. 덕분에 조금은 수월했던 것 같다.

환자를 보면서도 어려움이 많았다. 의식이 없는 환자들은 차트를 만드는 일부터 난항이었다. 급한 대로 환자의 이마 등에 '청바지 남', '빨간 바지 여'과 같은 특징을 적고 차트를 작성했다. 응급실에서 쓰는 의료 기구도 턱없이 부족했다. 당시 응급실에는 스몰 세트와 라지 세트라는 수술 세트가 있었다. 스몰 세트는 상처 부위를 꿰매는 등의 간단한 수술을 할 수 있는 기구 세트였고, 라지 세트는 더 깊은 상처를 수술할 때 쓰는 기구 세트였다. 그런데 환자들이 너무 많다 보니 수술 세트가 다 떨어지고 말았다. 별수 없이 사용했던 기구를 알코올로 닦아 가며 수술을 계속했다.

교수님들은 쉬지 않고 수술했다. 오봉석 선생님, 김영진 선생님, 정상영 선생님 등 외과, 정형외과 주치의 선생님들도 수술실에서 나오지 않았다. 인턴들도 밀려드는 환자들을 보느라 응급실을 떠나지 못했다. 간호사들도 고생을 많이 했다. 많은 환자가 몰려들었지만 병원은 침착하게 잘 돌아갔다. 당시 의료진의 팀워크가 참 좋았다. 손발이 잘 맞은 덕분에 어려운 상황을 보다 잘 헤쳐 나갈 수 있었던 것 같다.

그러는 와중 계엄군은 환자가 있는 응급실에 최루탄을 터뜨렸다. 최루가스 때문에 도저히 환자를 볼 수가 없었다. 응급실에 있던 사람들 모두가 위층으로 피신하는 상황이 벌어졌다. 이뿐만이 아니었다. 21일, 공수부대가 화순 쪽으로 퇴각했다. 퇴각을 하면서 사방에 총을 쏘아 댔는데, 병원도 예외는 아니었다. 병원 밖에서 따따따따 이상한 소리가 들려왔다. 알고 보니 병원 외벽에 총알이 박히는 소리였다. 총알 자국은 꽤 오랫동안 남아 있었다.

그 무렵 많은 외신 기자들이 병원을 찾았다. 독일 쥐트도이체 차이퉁과 프랑스 르몽드지, 일본 아사히지 등 여러 외신들이 병원을 찾아와 인터뷰를 해 갔다. 우리는 외신 기자들에게 광주의 일을 보도해 주길 기대했다. 반면 국내 언론의 태도는 조용했다. 국내 기자 몇 명이 병원을 찾아오기도 했다. 하지만 접수실이나 수위실에 들러 몇 가지 질문을 하고 돌아갔을 뿐, 병원 안으로 들어와 환자들을 살펴보는 일 따위는 하지 않았다.

안타깝게 희생된 목숨들

한창 5·18이 진행 중일 때, 용달차를 몰고 광주에서 담양으로 가던 남자가 있었다. 용달차에는 아내와 어린 딸이 함께 타고 있었다. 당시는 계엄군이

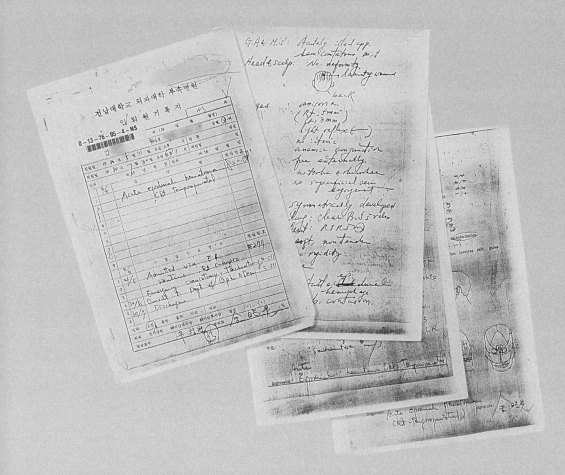

1980년 5월 21일자 얼굴에 총상을 입은 김○○ 환자의 진료기록지

빨간색 헤드라이트를 켠 트럭 하나가 전남대병원을 향해 달려오는 것이 보였다. 나는 동료 의사들과 함께 부랴부랴 응급실로 뛰어 내려갔다. 병원을 향해 달려온 트럭에는 총에 맞은 환자가 실려 있었다.

총상을 입은 이마 부위는 뻥 뚫려 있었다. 응급실은 난장판이 되었다. 총상 환자들이 쉴 새 없이 들이 닥쳤다.

광주의 모든 출입을 통제하고 있던 상황이었다. 계엄군은 용달차를 향해 총격을 가했다. 남자의 아내와 딸이 총상을 입고 병원으로 실려 왔다. 남자는 아내와 딸아이의 침상을 오가며 울부짖었다. 몸부림치며 울던 남자의 모습은 아직도 눈에 선하다.

경찰을 치료한 적도 있었다. 군인들이 시민 진압에 투입되기 전, 경찰들이 시민 진압에 먼저 투입되었다. 당시 노동청 앞 오거리(현 국립아시아문화전당 문화창조원 부근)에서 군경저지선을 뚫고 돌진하던 광주고속 차량에 경찰이 사망하기도 했다. 정부의 편이든, 시민의 편이든 치료가 필요한 환자였기 때문에 나는 열심히 그 경찰을 치료했다. 하지만 의료진의 노력에도 불구하고 그 경찰은 목숨을 잃고 말았다. 역시나 안타까운 죽음이었다.

시간이 흘러, 병원에 어느 정도 여유가 생겼다. 나는 정성수 선생과 밖으로 나와 상무관으로 향했다. 상무관 바닥에는 관이 줄지어 놓여 있었다. 5·18 희생자들의 시신이 담긴 관이 있었다. 그곳에서 죽은 아들을 보고 대성통곡하는 어머니를 보았다. 관 하나하나를 보듬으며 우는 사람도 보았다. 희생자들에게 참배하려는 시민들의 발길이 계속 이어졌다. 그곳에 남겨진 자들의 슬픔이 있었다.

환자들을 위해 애쓴 시민군

5·18 기간 동안 시민군의 도움을 많이 받았다. 시민군은 매일 병원에 들러 의료진에게 무엇이 부족한지를 물었다. 워낙 환자가 많다 보니 병원이 보유하고 있던 약품이 바닥을 보일 때였다. 시민군은 알코올 등 부족한 약품을 구해다 주었다. 이뿐만이 아니었다. 5·18 초기에는 병원에 혈액이 부족했다. 시민군은 차를 타고 돌아다니면서 병원에 피가 부족하다는 사실을 방송해 알렸다. 소식을 접한 많은 시민들이 헌혈에 동참했다. 헌혈을 하려는 시민들의 줄은 병원 앞에서부터 병무청 앞까지 길게 이어졌다. 유흥업소에서 일하

는 여성들도 병원을 찾아와 헌혈을 해 주었다. 덕분에 혈액 부족 문제는 해결되었다.

계엄군이 멈춰 세운 택시

퇴근도 하지 못하고 환자들을 돌보는 날이 길어졌다. 아무래도 옷을 갈아 입어야 할 것 같았다. 나는 병원 밖으로 나와 집으로 향했다. 그리고 학동 쪽 다리를 지나면서 한데 모여 있는 사람들을 보았다. 서른 명 정도의 사람들은 대부분이 노인이었다. 모두 곡괭이와 같은 무기를 들고 있었다. 학생들과 시민들이 다 죽는다고, 우리라도 나서자는 이야기가 들려 왔다.

집에 가서 옷을 갈아 입고 가방을 챙겨 나왔다. 택시를 잡아타고 병원으로 향하는데, 택시 기사가 말했다. "젊은 사람이니까 조심해." 그 말을 들으면서도 나는 의사니 괜찮을 거라고만 생각했다. 택시가 계림 파출소 앞을 지날 때였다. 계엄군이 택시를 막아섰다. 그리고 나를 향해 내리라고 지시했다. 큰일 났구나 싶은 생각이 들었다. 당황한 와중에 번뜩 전역증이 떠올랐다. 나는 지갑에 넣어둔 대위 전역증을 꺼내 계엄군에게 내밀었다. 전역증을 본 계엄군이 내게 경례를 붙였다. "조심히 가십시오!" 나는 무사히 풀려나 병원에 도착할 수 있었다. 택시 기사는 운행을 그만해야겠다며 집으로 돌아갔다. 전역증이 아니었다면 나는 어떻게 되었을까. 지금 생각해도 가슴을 쓸어내리게 되는 일이었다. 살아 나온 것이 다행이었다.

5·18민주화운동 부상자 등급 심사

광주기독병원으로 근무지를 옮겼을 때였다. 나라에서 5·18 환자 부상 등급을 매기는데, 등급 판정 위원을 맡아 달라는 요청이 들어왔다. 나는 일주일 동안 김형순 교수님과 함께 등급 판정이 이루어지는 센터로 출근을 했다. 그리고 원칙대로 5·18 환자들에게 부상 등급을 매겼다. 환자들을 심사하면서 참 안타깝다는 생각이 들었다. 그러다 보니 등급 판정 결과를 받아들이지 못하고 큰 소리를 내는 환자들이 많았다. 하지만 내가 있는 쪽에서는 그런 일이 없었다. 내 얼굴을 알아본 사람들이 있었기 때문이었다. 그 덕에 김형순 교수님과 내가 있던 곳은 큰 소리 나는 일 없이 조용했다.

반복되어선 안 될 뼈아픈 과거

세월이 흘러 5·18 청문회가 열렸다. 청문회는 기대 이하로 수박 겉핥기식으로 지나갔다.

80년 5월, 광주에선 있을 수 없는 일이 일어났다. 하지만 아직도 밝혀지지 않은 채 정치적으로 왜곡되고 있는 것 같다. 5·18 기간 동안 의사들의 가운은 붉은 피로 물들어 있었다. 의사들은 피가 굳어 뻣뻣해진 가운을 입고, 또 입어가며 환자들을 돌봤다. 환자를 살려야 한다는 생각만이 절실했다. 오직 의료인으로서 순수하게 최선을 다했다. 그 순간에도 죽어가는 시민들이 있었다. 그런데 지금, 역경을 딛고 일어선 광주는 오히려 더 고립되어 버린 것 같다.

18

독침 맞았다는 남자,
소리 없이 사라져

류 재 광
1980 – 전남대학교병원 인턴
2017 – 목포한국병원 원장

5월 18일 비극의 시작

80년 5월에는 응급실 담당 인턴이었다. 당시는 응급의학과도 없을 때였다. 레지던트나 교수 없이 인턴들 8명이 2명씩 조를 이뤄 돌아가면서 응급실을 지켰다. 5월 17일 밤에도 응급실에서 근무 중이었다.

자정이 가까운 시간에 응급실 담당 간호사인 노은옥이 다급히 내게 뛰어 왔다. "선생님, 군인들이 총을 차고 병원에 들어 왔어요!" 밖으로 나가보니 응급실 쪽 승강기 앞에 40명가량의 계엄군이 있었다. 대위는 권총을 찬 채 아무 말 없이 있었고, 상사는 군인들에게 지시를 내리는 중이었다.

병원을 수색해 환자복을 입고 숨어든 불온 분자를 찾아내라는 지시였다. 명색이 야간 응급실 당직이라 내가 계엄군들에게 물었다.

"무슨 일입니까? 왜 갑자기 총을 차고 병원에 들어온 겁니까?" 내 물음에 대답을 하는 사람은 아무도 없었다. 계엄군은 병원을 수색하고 돌아갔다.

18일 아침 7시 즈음, 간호사가 다시 나를 찾았다. "선생님, 선생님! 전남대학교에서 여러 명의 환자가 왔습니다." 가서 보니 환자들은 대부분 학생들이었는데 모두 머리를 심하게 다쳐 있었다. 계엄군이 곤봉으로 머리를 때려 생긴 상처들이었다. 이날은 뇌출혈 등의 환자를 수술하느라 신경외과가 정신없었다. 나 또한 18일은 근무하는 날이 아니었지만, 여기저기 불려 다니며 환자들을 돌보았다.

계엄군은 시내를 돌아다니며 대학생처럼 보이는 사람들을 모조리 두들겨 팼다. 개 패듯이 팼다. 계엄군의 곤봉에 맞아 다친 환자는 19일까지 계속 이어졌다. 이것이 광주에 불어 닥칠 비극의 시작이었다.

20일이 되자, 곤봉에 맞아 병원을 찾는 환자들의 수가 줄어 들었다. 나는 옷을 갈아 입고 동료 의사 몇몇과 도청에 가 보기 위해 밖으로 나섰다. 그때 전남대병원 정문 앞에서 별 둘의 빨간 별 판을 단 군인 지프차를 보았다. 나와 같이 동행한 인턴 김의형 선생이 지프차에 타 있는 군인을 보고 다음과 같이 말했다. "저 사람, 우리 사단장이었는데?"

지프차에 탄 군인은 김의형의 군의관 시절 사단장이었다. 나중에 안 일이지만 그 당시 정○○ 소장은 특전사령관이였으며, 당시 조선대학교에 공수부대의 본진이 있었으므로 이를 방문하기 위하여 전남대병원 앞을 지나는 길이었다. 나는 신경외과 전문의 과정을 마치고 수도기계화 보병사단 의무중대장으로 부임하였다. 이 부대는 맹호부대로 12·12 사태 때 수도방위사령부 33단장이었던 김○○ 소장이 사단장이었고 여단장들도 대부분 신군부와 밀접한 사이였다. 도청과 가톨릭센터 앞에선 군인과 시민이 대치 중이었다. 시민들이 공수부대 대위를 향해 소리쳤다.

"어떻게 같은 동족에게 이렇게 잔인하게 할 수 있느냐!" 기가 차는 대답이 돌아왔다. "그런 일이 있었습니까? 어제, 그제 광주에 투입되었던 공수부대는 우리가 아니라 다른 부대였습니다."

나 역시 시민들과 함께 악을 쓰며 항의를 했다. 그리고 밤이 되어서야 병원으로 돌아왔다. 그날 저녁 내내 광주 시내는 시민군들의 데모로 아수라장이었다. 전남대병원 11층 옥상에 올라가 내려다보니 광주MBC와 광주세무서가 불에 타고 있었다. 횃불을 든 시위대가 몰려다니며 내지르는 함성이 도시를 휘감았다. '쿠오바디스 도미네(주여, 어디로 가시나이까)'라는 영화의 한 장면 같았다.

시민들을 향해 떨어진 발포 명령

21일은 낮 근무였다. 그 사이 조대부속고등학교 학생이 장갑차 위에 올라갔다가 총을 맞아 장이 터지는 등의 몇몇 사고들이 있었다. 하지만 진짜 지옥은 21일 오후 1시경부터 시작되었다. 점심을 먹고 나자 응급실에 총상 환자들이 들이닥쳤다. 도청 앞에서 공수부대원들이 몰려드는 시민들과 차량들을 향해 M16을 발포한 것이었다.

당시 응급실은 1동 1층 위치로 넓은 편이 아니었다. 침대가 없어 급하게 병실의 매트릭스를 끌고 와 환자들을 1층 전체 복도에 눕혔다. 복도와 원무과 자리까지, 1층은 순식간에 총상 환자들로 가득 찼다. 그때 처음으로 M16에 맞은 사람을 보았다. M16을 맞은 환자 중 수술을 받은 환자는 거의 없었다. 응급실 들어올 때 대부분이 사망자였다. 시신들의 모습은 처참했다.

얼굴에 총을 맞은 시신은 턱만 남아 있었고, 몸에 총을 맞은 시신은 몸이 뻥 뚫려 있었다. 죽지 않고 실려 온 환자들이라고 다를 것은 없었다. 피부색이 하얗게 변한 환자들은 혈압도 제대로 잡히지 않았다. 혈관을 확보하기 위해 맨손으로 메스를 잡고 컷다운을 하다보면 이미 환자는 죽어 있었다. 응급실은 순식간에 전쟁터로 변해 버렸다. 병원의 모든 의사, 간호사들이 응급실에 모여 사투를 벌였다. 불행 중 다행으로 병실에 입원해 있던 환자들이 대부분 퇴원하여 경상 환자들은 신속히 병실로 입원시킬 수 있었다.

오후 7시쯤이 되어서야 겨우 당직실로 돌아올 수 있었다. 21일 오후 12시 30분 경 도청 앞에서 공수부대가 M16을 발포한 이후, 피가 끓어오른 시민군들이 화순, 담양, 나주로 차량을 타고 흩어졌다. 그리고 경찰서 예비군 무기고와 화순 광업소에서 총과 폭약을 탈취하여 무장 했다.

오후 4시 30분에서 5시경, 시민군들은 아직 통제가 되지 않은 주남마을 쪽을 통해 화순에서 광주로 들어왔다. 시민군이 총을 쏘며 들어오자 길가에 서 있던 많은 시민들이 박수를 치며 환호했다.

저녁 무렵 커다란 총성을 듣고 응급실 당직실에서 튀어 나와 밖으로 나가보니 공수부대원들이 M60 트럭을 타고서 화순쪽으로 철군을 하고 있었다. 시민군이 무장을 하자 21일 오후 늦게 공수부대가 철수를 결정한 후 시 외곽 지역으로 철군한 것이었다.

M60 군용 트럭의 선탑자는 권총을 들고 있었는데, 2층 이상의 건물이 나타나면 무조건 총을 쏘았다. 선탑자가 총을 쏘면 트럭 화물칸의 양 옆에 군장을 세우고 엎드려 있던 군인들이 군장뒤에 숨어서 60도 각도로 M16을 연속 발사하였다. 엄호사격을 하는 것이었다. 이 엄호 사격에 맞아 죽은 사람도 많았다. 전남대학교병원의 3층 수술실과 응급실 쪽에도 이때 생긴 총알 자국이 최근까지 남아있었다.

21일 오후 늦게 공수부대가 철수하고 22일부터 광주가 폐쇄되었다. 그 당시 내 아내는 한양대학교에서 근무를 하고 있었는데, 나와 연락이 되지 않아 난리가 났었다. 전화가 모두 끊기고 광주에서는 어떤 사람도 나갈 수 없게 되었다.

그런데 22일부터 외신 기자들이 전남대병원을 찾아왔다. 나는 워싱턴 포스트와 독일 일간지 쥐트도이체 차이퉁에서 파견된 기자와 인터뷰를 했다. 그 기자(게브하르트 힐셔)에게는 폐쇄된 광주에 어떻게 들어왔는지도 물었다.

© 나경택

금남로 광주관광호텔 앞에서 돌진하는 버스를 공격하는 계엄군

도청 앞에서 공수부대원들이 몰려드는 시민들과 차량들을 향해 M16을 발포한 것이었다. 처음으로 M16에 맞은 사람을 보았다. M16을 맞은 환자 중 수술을 받은 환자는 거의 없었다. 응급실 들어올 때 대부분이 사망자였다. 시신들의 모습은 처참했다.

기자는 자신을 쥐트도이체 차이퉁 동경 특파원으로 소개했다. 동경에서 배를 타고 부산으로 들어왔고, 여수에서 광주로 들어왔다고 했다. 나는 병실을 돌며 환자들을 보여 주었다. 영어를 잘하는 동료 인턴 윤진상 선생도 함께 했다. "어떻게 다친 환자인가?" "이 환자는 M16에 맞은 환자다." 기자들은 환자들의 사진을 찍어 갔다.

이후에도 계속 다친 시민군들이 치료를 받으러 병원에 왔다. 우리는 시민군으로부터 병원 밖의 상황에 대해 전해들을 수 있었다. 27일에 20사단이 시민군을 진압하기 위해 광주에 들어올 것이고, 시민군은 이를 막기 위해 화순 광업소에서 가져온 폭탄을 도청 지하실에 놓고 터뜨릴 계획이라는 말도 듣게 되었다. '안에 있어도 죽고 밖에 있어도 죽겠구나.'라는 생각이 들었다.

근무 교대 후, 인턴 숙소에 돌아와 잠을 청했다. 그리고 새벽 4시쯤 잠에

전남대학교병원 옥상에서 취재하고 있는 외신 기자들(故 위르겐 힌츠페터 기증. 제공: 5·18기념재단)

서 깨었다. 인턴 숙소를 사이에 두고 병리학 교실과 간호사 숙소 건물이 있었는데, 두 건물에서 교전이 일어난 것이었다. 인턴 숙소는 벽이 전부 유리창으로 되어 있었다. 밖을 보니 불꽃을 뿜으며 날아다니는 M1과 M16 총알이 인턴숙소를 중앙에 두고 날아다니는 모습이 보였다.

화장실에 다녀오면서 인턴숙소의 옆방에 있는 문을 열어 보니 동료 의사 세 명이 겨울 이불을 뒤집어 쓰고 있었다. 무서운 밤이 지나고 인턴 숙소 안으로 아침 햇빛이 들었다. 이미 사방이 조용해진 뒤였다. 그리고 병리학교실 옥상에는 대검을 꽂은 진압군이 경계를 서고 있었다.

희생자들의 시신을 검시하다

28일에는 나, 최유섭 등 인턴 4명과 당시 병리학 교수였던 윤강혁 교수님이 희생자 검시를 위해 차출되었다. 보안대, 검찰, 경찰이 한 팀이 되어 시신이 있는 상무관으로 향했다.

나를 포함한 인턴들은 시신을 검안하고 사인을 보안대와 검찰에게 알려주었고 윤강혁 교수님은 카메라를 들고 돌아다니며 시신의 사진을 찍었다. 대부분이 총상 시신이었다. 그중 유독 눈에 들어오는 시신이 있었다. 관 뚜껑을 열어보니 어린 학생이 교복을 입은 채 누워 있었다. 무등중학교 교복을 입고 있었는데 모자도 그대로 쓴 채였다. 옆에는 노트 한 권이 놓여 있었다. 막 영어를 배우기 시작했는지 필기체로 연습한 알파벳이 적혀 있었다. 아이는 중학교 1학년이었다. 내가 본 시신 중 가장 나이가 어렸다.

윤강혁 교수님이 찍은 사진은 세상에 나오지 못했다. 보안대가 보고 있었기 때문에 카메라를 뺏겨 버린 듯했다. 그러고 나서 윤강혁 교수님은 교수 재임용에 탈락하여 전남대학교 교수도 그만 두게 되었다. 이후에도 정착하지 못하고 자리를 옮겨 다니신다는 소문을 듣게 되었다.

독침에 맞았다는 시민군의 정보부장

진압군이 들어오기 전날 즉, 26일 오전에 응급실 당직근무를 하고 있는데 젊은 남자가 응급실에 들어오더니 소리를 지르며 쓰러졌다.

"아, 나 독침을 맞았어!" 가까이 다가가 독침을 맞았다는 남자의 등을 살펴보았다. 독침을 맞았을 때 생기는 피부발진 등의 증상이 전혀 보이지 않았다. 자신을 시민군의 정보부장이라고 밝힌 남자를 차트에 적고 돌아서는데, 눈에 익은 얼굴의 중년 여자가 독침을 맞았다는 남자를 향해 울부짖으며 응급실로 들어왔다. 그 여자는 남동의 한 술집 주인이었다. 내가 본과 4학년 때 선배들을 따라 끌려간 술집에서 이런저런 이야기를 나누었던 주인 여자였다. 나만 그 여자를 알아봤을 뿐 상대 여자는 나를 전혀 알아보지 못하는 것 같았다. 여자는 악을 쓰며 울었다.

독침을 맞은 젊은 남자가 자신의 아들이라고 했다. 다른 환자를 보고 돌아왔을 땐, 여자와 남자는 없었다. 그러고 나서야 여자가 자신의 남편이 정보과 형사라고 말했던 것이 생각났다. 독침을 맞았다며 응급실을 찾았던 남자는 전두환 정권이 시민군 사이에 심었던 프락치였던 것으로 의심된다. 27일, 시민군이 도청 지하에서 터뜨리겠다던 폭탄은 터지지 않았다.

계엄군은 프락치를 통해 도청 지하에 폭탄이 있다는 사실을 이미 알고 있었다. 그리고 미리 뇌관을 프락치를 통해 제거했다고 들었다. 프락치 짓을 하던 남자는 독침에 맞았다며 도청 시민군으로부터 빠져나와 응급실에 온 뒤 조용히 도망친 것 같았다.

5월 30일에 505보안대에서 나를 불렀다. 당시 육군 중령 출신이셨던 박찬진 교수님이 학생 과장으로 있었다. 박찬진 교수님을 따라 505보안대로 갔다. 그곳에서 대공 과장 서○○ 중령을 만났다. 나는 독침을 맞았다던 남자와 관련된 모든 내용을 진술했다.

"제가 보기엔 독침을 맞은 것이 아니었습니다." 서○○ 중령이 대답했다.

"우리도 조사를 해봤는데 대공 용의점은 없었습니다."

진술을 마치고 돌아온 이후, 이 사건과 관련하여 이상한 내용의 기사들이 쏟아지기 시작했다. 북한에서 간첩이 내려와 독침을 쏘았고, 5·18은 북한과 연루되어 있다는 내용의 기사였다. 보안대에서는 프락치를 통해 이미 모든 걸 다 알고 있었고, 형식적인 조사를 위해 나를 불러들인 것 같았다.

너무 많이 죽었다

지금껏 의사 생활을 해 오면서 무수히 많은 시체들을 보았다. 하지만 5·18 민주화운동을 떠올리면 주마등처럼 스쳐가는 장면이 많다. M16에 맞아 몸이 제대로 남아 있지 않은 시신부터 무등중학교 1학년에 다니던 어린 학생의 시신까지. 지금도 내 머릿속에 생생히 떠오른다. 비참해진 건 총에 맞은 사람들 뿐만이 아니었다. 화순 지원동 쪽에서 수레에 실려 응급실로 찾아온 여자 시체를 보았다. 아이를 낳다가 죽은 여자였다. 5·18때 다친 환자들로 병원이 북새통을 이루지 않았더라면 제때 치료를 받아 살았을 여자였다.

모두 죽지 않아도 될 사람들이었다.

19

또 하나의
시민군

유 용 상
1980 – 전남대학교병원 인턴
2017 – 광주수완미래아동병원 원장

79년 10월 27일, 지금의 전남대 의대 학생회관 자리에 있던 명학당에서 본과 4년의 마지막 공부를 하던 중 달려오는 한 학우의 외침으로 역사는 새로운 전환점을 맞고 있었다.

"박정희가 죽었다."

정치와는 담쌓고 지내는 의대 생활이었지만 몇몇의 선후배들이 모처에 불려가 이상하게 변해 오기도 하였고, 중앙정보부, 형사 또는 경찰의 끄나풀들이 정체 모를 공포의 대상으로 주위를 맴돌던 시절이었다. 대통령의 사망소식에 나라의 위기의식보다 파아란 희망이 우리들 마음속에 피어올랐던 아이러니한 역사의 순간이었다. 12·12사태의 진상을 전혀 파악하지 못한 채 합수부장 전두환의 모습만이 이상하게 뇌리를 자극하고 1980년 봄을 맞이하

이 글은 1996년 광주광역시의사회가 발간한 『5·18 의료활동』에 실린 글을 옮겼다.

였다.

고광일, 안명섭, 신동철, 유재광, 김재규, 윤진상, 양건호 등 K.P(Kim's Plan의 약자로 군전문의 요원으로 수련 받는 전공의)와 김의형, 조백현 등 N.K(Non Kim의 약자로 병역의무를 필한 전공의) 선배들로 구성된 우리들은 80년 전남대병원의 인턴진이었고 병원 진료의 주요 지원자였다. 그때만 해도 레지던트 지원자의 윤곽이 대개 정해져 있어 힘들지만 상당히 낭만적인 인턴 생활이었고, 개나리동산 바로 밑 인턴숙소는 우리의 쉼터였다. 숙소 바로 옆 영안실도 상상하기 어려울 정도로 작았고, 아마 그때는 영안실에서 장례풍습은 지금같이 흔치 않았던 것 같다.

5월 중순 어느날 의과대학 검시실과 명학당 앞을 2인 1조로 곤봉을 들고 지나가는 공수부대의 규칙적인 군화발 소리가 왜 그렇게 섬뜩하였는지….

광주의 하늘은 봄인데도 불구하고 냉랭한 살기와 폭발 직전의 침묵 바로 그것이었다. 목마르게 기다렸던 민주화의 열망으로 시작된 도청 앞 평화적 시위가 공수부대의 무자비한 폭력사태로 이어지자 부도덕한 군부에 맨몸으로 저항하게 되었다.

19일 오후 쯤 한 학생이 첫 총상으로 응급실로 들어왔다. 이후 우리들은 병원의 최일선에서 혈관 확보로 시작된 수술 준비로 정신없이 뛰어다녔다. M16 탄환에 팔이 없어져버린 어린 환자, 담양 방면 검문소에서 통과시켜 주질 않아 뒤돌아서는 일가족에게 집중사격으로 척추마비가 되어버린 어린이, 침상이 부족하여 복도에까지, 지금의 병원 로비까지 총상환자로 가득 차고, DOA(도착시 사망) 환자의 손에는 카빈소총의 탄창과 구리빛 탄환이 그리도 단단히 쥐어져 있었다.

다행히 헌혈자가 넘쳐서 혈액은 부족하지는 않았다. 부상자들을 실어나르는 적십자표시 휘장을 한 지프차의 민간 위생병은 그렇게 용감하게 보일 수가 없었다. 수술장 옆 신장 투석실 바닥에 매트리스만 깔고 수술 후 새우잠을 자다가 총소리와 병원 복도에 터트린 최루탄에 놀라 도망치기도 했다. 수술 도중 수술실 창문으로 들어오는 총탄에 놀라 고개를 움츠렸다가도 금새 계속 수술에 열중하시는 교수님과 수술팀의 기억도 눈에 선하다.

수술실로 날아온 탄환

병원 옥상에 올랐을 때 발포 위협을 하던 헬리콥터 날개의 타타타타 소리는 공포 그 자체였다. 검은 연기 피어오르는 시내 쪽으로 공기에서 느껴지는 것은 차디찬 살기 뿐이었다.

"바람과 함께 사라지다"의 남북전쟁 장면처럼 세무서가 불타는 저녁 응급실로 걸려온 어느 병원 원장님의 딸과 아내를 찾는다는 울먹이는 전화 목소리는 아직도 귀에 생생하다. 총알이 무서워 지그재그로 인턴 숙소로 달려 들어가 잠을 청하다가, 숙소 바로 위 개나리동산에 포진한 시민군의 새벽녘 전투와 응사 사격소리에 놀라 캐비닛 안으로 몸을 감추던 동료들의 극한적 공포감도 눈에 선하다. 자기들이 키워놓은 사태에 겁을 먹은 공수부대는 저녁이 되자 도로 양옆으로 총을 난사하며 화순방면으로 퇴각할 때 남긴 전남대병원 건물벽의 무수한 탄흔은 정치군인의 망각의 증거로 우리의 뇌리에 박혀 영원히 지워지지 않는다.

공수부대가 잠시 물러난 다음날, 날이 새니 헌혈자들은 줄을 이었고, 잃어버린 가족을 찾는 가족들의 행렬은 영안실에 줄을 이었다. 죽은 자식을 찾아낸 어머니들의 처절한 오열, 암매장 며칠 뒤 발굴된 시신들의 악취와 퉁퉁 부은 음낭, 무책임한 방송과 신문의 폭도 운운, 선무공작에 우리는 하늘을 쳐다보며 가슴을 에이는 아픔으로 눈물을 훔쳤다. 탈출로를 묻는 프랑스 기자의 등에 꽂힌 신문사 깃발을 보고 제발 이 사실을 외부에 알려 달라고 빌고 빌었고, 화순방면으로 간다던 그에게 한 시민군은 목숨을 건 안내를 자청하였다.

도청을 점령한 계엄군

우리는 80년 5·18민주화운동 당시 대학병원 현장에서의 한 증인이다. 나를 포함한 우리 의사들이 단순한 치료자이었을까 하는 의문에 나는 단연코 아니라고 대답한다.

저항의 최전선에서 총을 잡지는 않았어도, 팔에 총상을 입은 채 다시 싸우러 나가려고 하는 시민군을 만류하는가 하면, 가슴이 뻥 뚫린 흉부외과 입원 시민군의 환부 드레싱에 우리는 최선을 다하였다.

병원의 가운은 학생들과 젊은 시민을 숨겨주는 유일한 도구였으며, 우리는 그야말로 또 한쪽의 시민군이었다.

새벽의 여명이 오기 직전 차르르, 차르르 하는 장갑차 소리와 함께 며칠 간의 광주시민의 질서정연한 사태 해결 노력은 수포로 돌아간 채 희생자를 남기고 끝이 났다.

　우리는 80년 5·18민주화운동 당시 대학병원 현장에서의 한 증인이다. 나를 포함한 우리 의사들이 단순한 치료자이었을까 하는 의문에 나는 단연코 아니라고 대답한다. 저항의 최전선에서 총을 잡지는 않아도, 팔에 총상을 입은 채 다시 싸우러 나가려고 하는 시민군을 만류하는가 하면, 가슴이 뻥 뚫린 흉부외과 입원 시민군의 환부 드레싱에 우리는 최선을 다하였다. 병원의 가운은 학생들과 젊은 시민을 숨겨주는 유일한 도구였으며, 우리는 그야말로 또 한쪽의 시민군이었다. 우리는 "그때 광주 사람 너무했어."라는 말에 수 년간을 얼굴 붉혀가며 함께 싸워왔다.

　역사의 수레바퀴는 헛돌다가도 다시 전진할 것이다. 지금도 헛돌고 있지만, 잘못된 정권과 부당한 폭력에 대한 우리 광주시민의 저항정신은 우리 전 국민의 민주의식에 크나큰 자긍심으로 심어져, 동학과 의병운동 그리고 독립운동으로 이어지는 민족사에 환한 횃불로 길이 남을 것이다.

20

간호사는 항상
환자와 함께 있어야 한다

김 안 자

1980 – 전남대학교병원 간호과장
2017 – 전남대학교병원 명예직원

"우리는 전쟁 때도 환자를 지켜야 한다"

나는 1962년 9급 공무원 공채에 합격하면서 간호사 생활을 시작했다. 1980년 5·18민주화운동 당시에는 전남대학교병원 간호과장으로 재직 중이었다. 남편이 광주경찰서(현 광주동부경찰서) 앞에서 정영환흉부외과를 운영하고 있을 때이기도 했다.

당시를 돌이켜보면 5월 18일 이전에도 학생들의 시위가 계속 이어졌었다. 그 때 학생들은 서로 손을 잡고 시위를 했는데, 내가 "왜 손을 잡고 가느냐?"고 물어보니 "학생이 아닌 사람들이 시위에 함께 끼어드는 것을 막기 위해서"라고 했다. 그렇게 학생들이 시위를 하면 경찰들이 그들을 따라 움직이며 호위를 하고 다니는 모습을 볼 수 있었다. 학생들과 경찰 사이에 격렬하게 대치하거나 폭력을 휘두르는 일은 없었다.

5월 20일쯤으로 기억된다. 저녁쯤인가, 남편이 운영하던 병원 옥상에서 장

불에 탄 MBC 방송국(사진: 이창성, 제공: 5·18기념재단)

동 전남여고 앞에 있던 MBC방송국에 크게 화재가 난 것을 볼 수 있었다. 그리고 그 날 저녁에 환자들이 병원에 잇따라 들어왔다. 환자 가운데에는 군인도 있었고 학생도 포함됐다. 나는 학생들과 군인의 대립적인 관계를 고려해 학생 환자는 외래에, 군인은 입원실로 보내 치료를 받게 했다.

그 때 군인들에게 총을 감추게 하고 일반 환자 옷으로 바꿔 입히기도 했다. 모두 4명쯤이었는데, 나는 "당신들이 학생들을 만나면 안 된다. 군인들이 총을 쏘는 바람에 학생들이 심하게 적대감을 갖고 있다."는 사실을 말했다. 당시는 도심 곳곳에서 많은 총소리가 들린 때이기도 했다. 이어 새벽 4시쯤에는 학생들 모르게 군인들을 병원에서 내보냈다.

MBC방송국에 크게 화재가 났던 20일 밤에는 총상 환자가 남편의 병원에 들어 왔다는 소식을 들었다. 하지만 총상 환자가 출혈이 많아서 위험하다는 말을 듣고 내가 근무하던 전남대병원으로 전화를 했다. 나는 얼른 구급차를 보내 달라고 요청했으나 어렵다는 답변이 돌아왔다. 그래서 '이 환자를 어떻게 하면 좋을까' 고심하고 있는데 누군가 "일단 들것을 이용해서라도 MBC방송국 주변 큰 길로 가면 환자들을 후송하는 일반 차량이 있다."고 귀띔해 주었다. 병원에서는 그 말대로 환자를 데리고 현장에 갔고, 그 곳에서는 학생들이 환자들을 차에 실어 병원으로 보내고 있었다고 한다. 총상 환자는 그렇게 전남대병원으로 옮겨졌다.

이튿날인 21일은 석가탄신일이었다. 그 날은 헬리콥터에서 '시민 여러분, 우리가 경찰서나 은행 등을 잘 지키고 파손되는 일이 없도록 하자. 모두 우리 소중한 재산이다.'는 방송이 계속 흘러나왔다.

전남대병원에 전화를 걸어 어제 보냈던 총상 환자의 상태를 확인했다. 중환자실에서 치료를 진행 중이라는 이야기를 들은 나는 아침에 유니폼으로 갈아입고 집을 나섰다. 경찰서 앞에서 총을 들고 있던 군인들이 나를 보더니 "어디 가느냐?"고 물었다. 나는 "전남대병원에 간다."고 했다. 흰 가운을 입고 있어서 인지 군인은 별 다른 의심 없이 나를 보내주었다. 병원에 도착해서 보니 환자들이 물밀듯이 들어오기 시작했다.

그 날은 휴무일이어서 근무자가 많지 않은 날이었다. 일찍 출근을 했던 나는 한 간호사로부터 전화를 받았다. 그는 걱정 섞인 말투로 "과장님 계엄령이 내려졌는데 출근을 어떻게 해야 할까요?"라고 물었다.

나는 '간호사는 항상 환자와 함께 있어야 한다.'는 강한 신념을 갖고 있었기 때문에 "안타깝지만 만약 너희들이 오다 사고라도 나면 나는 책임을 질 수 없다. 하지만 그래도 오려면 반드시 유니폼을 입고 와라. 그래야 위험을 피할 수 있다."라고 대답했다. 그리고 "우리는 전쟁 때도 아군이든 적군이든 치료를 해야 하고 환자를 지켜야 한다."는 한 마디를 덧붙였다. 그 간호사는 "과장님 알았습니다."하고는 전화를 끊었다.

1979년 응급차

그런데 놀라운 일이 벌어졌다. 그 다음날 간

호사들이 빠짐없이 출근한 것이었다. 간호사 중에는 광주 인근 화순이나 장성 등에 살고 있는 간호사들도 있었고 멀리 장흥에 가 있던 간호사도 있었다. 그 먼 거리를, 그것도 무서운 계엄령이 내려진 상황을 뚫고 모두 병원으로 온 것이었다. 그리고 21일부터 일주일 동안 퇴근을 하지 못한 채 병원에서 계속 근무했다.

매트리스 응급실 유리창에 대 총격 대비

가정에서는 아버지와 어머니가 있고 그 역할이 다르듯이 병원에도 아버지와 어머니가 있다. 병원장이 아버지라면 간호과장은 어머니인 셈이다. 큰 일은 병원장이 맡아서 해결하지만 간호부 운영이나 병원 살림살이 등과 관련한 일은 나의 일이라고 할 수 있었다.

병원으로 출근하자마자 "응급실에 병원 직원이 아닌 사람이 있는지 확인해보라."고 지시했다. 혹시 외부인이 포함돼 있을 경우 간호사들에게 좋지 않은 일이 발생할 수도 있다는 생각 때문이었다. 확인 결과 응급실에서 환자를 돌보고 있는 사람은 모두 의사, 간호사, 의대생, 간호대학생이거나 원무과 직원, 총무과 직원인데 모르는 젊은 남자 한 명이 있다는 보고를 받았다. 나는 그 사람을 불러 "죄송하지만 어떻게 오셨습니까?"라고 물었다. 그는 "병원에 일이 많으니 도와주고 싶다."고 답했다. 하지만 나는 "병원 직원이 아닌 사람을 이곳에 둘 수는 없다."고 단호하게 말하고는 그를 돌려 보냈다.

이어 식당으로 전화를 걸어 남아있는 식사 분량을 확인했다. 식당에서는 10일 분량이 남아 있다고 했다. 나는 직원들에게는 밥을 조금 줄이되 환자들에게는 평소처럼 제대로 공급할 수 있도록 하라고 지시했다. 그 날 저녁부터 광주 시민들이 주먹밥을 이틀간 제공했다.

21일부터 총상 환자들이 잇따라 들어오기 시작했다. 응급실이 환자로 가득 차는 바람에 원무과가 있는 로비로 내보기도 했다. 이는 응급실이 좁은 이유도 있었지만 군인이 화순 쪽으로 나가면서 총을 쏘았기 때문이 이를 피하자는 의도도 포함됐었다.

또 우리는 총격의 대비책으로 매트리스를 활용했다. 당시 병원에는 과거에 미국으로부터 지원받은 매트리스가 있었다. 전화로 확인해 보니 솜으로 된 매트리스가 있다고 해서 그것을 가져다가 응급실 처치실의 유리창에 대도록 했다. 그 날 군인들이 난사한 총알 중 일부는 매트리스에 박혔고 3층의 원장실, 11층의 입원실에도 총알이 날아들었다.

당시 응급실은 긴박하게 돌아갔다. 학생과 차들이 한꺼번에 환자를 데려오는 바람에 중환자의 경우 일일이 신원을 확인할 수도 없었다. 나는 수간호사에게 'NS(신경외과)', 'OS(정형외과)' 등 과명을 종이에 써서 환자 가슴에 붙이라고 했다. 이를 통해 각 과에서 내려와 환자를 데리고 갔고, 그 곳에서 필요한 촬영을 한 뒤 수술실로 옮겼다. 갑자기 밀려드는 환자로 인해 간호 인력이 부족하자 감독을 통해 각 병동에는 기본 인력만 남겨두고 모두 모이도록 했다.

며칠인지 정확하지는 않는데 어느 날 병동에 근무하는 간호사로부터 전화가 왔다. 지금 군인들이 들어와서 병실을 수색한다고 했는데 한 간호사가 그것을 막았다는 것이었다. "누구든지 밤에 함부로 환자 방에 들어갈 수는 없다. 우리가 들어가려고 해도 간호과나 윗 사람의 허락을 받아야 가능한 일이다."고 했다는 것이다. 그 때 그 군인은 누군가와 통화를 하더니, "아, 우리가 장소를 잘못 알았다. 우리가 갈 곳은 이곳이 아니고 의대였다."고 대답하고는 이동을 했다고 한다. 그러니까 병실 수색을 하지 못한 채 의대로 바로 가게 된 셈이다.

그 후에 보니 군인들이 병원을 지키고 있었다. 나는 군인들이 밥을 굶고 있는 것 같아 갖고 있었던 김밥을 주었다. "우리가 모두 같은 민족인데, 지난번에 군인이 총을 쏘는 바람에 사태가 커진 듯하다. 그래도 굶으면 되겠느냐.

탈이 나거나 위험한 음식이 아니니 먹어라."라고 했지만 그 군인은 거절을 했다.

내가 몇 차례 밥을 권유하고 말을 걸면서 낯이 익은 탓인지 언제인가 한 군인이 내게 불쑥 말을 걸어왔다. "간호사들이 참 겁이 없다."는 것이었다. 그는 "학생들이 입원실에 숨었다고 해서 뒤지려고 했는데 간호사들이 절대 못 들어간다고 막아서더라. 무섭지도 않았는지 그런 말을 하더라."라고 했다.

이를 통해 볼 때 군인들이 당시 병원에는 왔었지만 병실에는 들어가지 못한 것으로 알고 있다. 물론 내가 모든 것을 볼 수는 없었기에 병실 문을 열었던 군인이 한 명이라도 있었는지는 알 수 없는 일이다.

시민들이 광주를 지킬 때는 학생들이 총을 들고 응급실에 들어와서 나가라고 한 적이 있었다. 나는 "너희가 있으면 우리가 일을 못한다. 여기는 우리가 알아서 한다."라고 말했다. 그들은 응급실에서는 나갔지만 밖에서는 지키고 있었다.

며칠인가, 교환실에서 걸려온 전화를 받았다. 학생들이 큰 총을 들고 옥상에 올라 간다는 것이었다. 교환실 위가 옥상이어서 상황을 바로 파악한 모양이었다. 곧바로 원장님에게 연락을 취해 누구든 올려 보내라고 했다. 그 때 올라간 사람은 "병원은 절대로 다른 사람이 와서 손댈 수 없고, 이곳은 우리가 책임진다. 너희들이 있으면 되레 위험하다."라고 설득했다고 한다.

"오늘 밤 폭탄 터뜨린다" 소문에 놀라

그 날인가, 그 다음날 밤이었을 것이다. 청천벽력 같은 소리를 들었다. 아마 병원 경비원이었을 것으로 추측되는데, 한 사람이 응급실에 있는 내게 오더니 말을 걸었다.

"과장님, 오늘 밤 10시에 헬리콥터가 이곳에 폭탄을 터뜨린다고 합니다."

나는 마음 속으로 깜짝 놀라 뒤로 넘어질 뻔했다. 그러나 내색할 수는 없었기에 얼른 마음을 추스르고 물었다.

"누가 그 소리를 하던가요?"

"저도 누구에게 들었는데 정확히 누군지는 잘 모르겠습니다."

"이 이야기를 다른 사람에게는 말하면 안 됩니다. 절대로 환자 있는 곳에 폭탄을 터뜨리는 일은 없을 겁니다. 그러니 유언비어일 가능성이 있고 만약 폭탄을 터뜨린다면 당신과 저는 여기서 같이 죽어야 합니다."

그의 입을 단속시켜야 한다는 생각에 몇 번이고 단단히 주의를 주었다. 만약 이 일이 알려질 경우 간호사나 의사가 병원 근무를 기피할 우려가 있고, 그럴 경우 환자는 누가 돌볼 것인가 라는 걱정이 들었던 것이다. 나는 그 일을 원장님에게도 말하지 않았다.

그 대신 남편에게 전화를 걸었다. 하지만 그에게 이 같은 엄청난 이야기를 할 수는 없었다. "여보 아이들은 당신이 잘 지켜. 내가 퇴근을 못하니까…." 나는 계속 응급실에 있다가, 속마음을 숨긴 채 일반적인 안부 전화인 것처럼 말했다. 우리는 4녀 1남을 두고 있었다. 군의관 출신인 남편은 "만약 동원령이 떨어지면 나도 통합병원으로 가야 할 거야."라고 답했다. "그래도 둘 중 한 사람은 있어야지. 아직 동원령이 내리지는 않았으니 당신이 아이들 잘 돌봐야 돼." 나는 애끓는 마음은 숨긴 채 통화를 마쳤다.

밤 9시 50분쯤에 3층 중환자실에 올라갔다. 폭격을 당할 경우 3층 높이에 있으면 건물을 벗어나려고 하더라도 미처 빠져나가기 전에 환자와 함께 죽을 각오를 한 셈이었다. 중환자실에 있으니 사정을 알 리가 없는 간호사들이 돌아가면서 "과장님 피곤하신데 쉬세요." "저희가 환자는 잘 돌볼게요."라고 했다. "아니야, 좀 더 있을게."라고 해도 간호사들은 내 낯빛이 안 좋은 것을 느꼈는지 쉬라고 권했다.

나는 속으로 별의별 생각이 다 들었다. 6·25 때 민간인 99만 명이 죽었다고 했는데 그 때 광주시민이 약 70만 명이었다. 그러다 보니 나라에서 잘못 판단하면 폭격을 할 수도 있겠다는 마음이 들기도 했다.

마음속으로는 일 분, 일 초가 그렇게 길게 느껴질 수가 없었다. 그런데 마침내 밤 10시가 되고, 5분, 10분, 20분이 넘어서자 안심이 됐다. '아, 결국 유언비어였구나.'라는 판단을 한 나는 간호사들에게 "이제 가서 쉴게, 여러분 수고 하세요." 하고 응급실로 내려갔다.

응급실에 갔더니 그 경비가 다가왔다. 그는 "과장님, 조종사에게 병원을 폭격하라는 지시를 내리니까 그가 종이에 그 명령을 직접 써달라고 했답니다. 그랬더니 상급자가 안 써 줬다네요. 조종사는 '나중에 책임 문제가 따르면 어떻게 할 것이냐, 그러니 반드시 써 달라'고 요구했다는 것입니다. 그런데 상급자가 거절해서 폭탄을 터뜨리지 않기로 했다고 합니다."라고 말했다.

나는 "그것 봐라. 병원에 폭탄을 터뜨린다는 것은 유언비어이니 이제 무슨 말이든 함부로 이야기하고 다니지 말라."고 주의를 줬다. 그 사람이 누군지 지금도 알 수 없다.

5·18 기간 동안 병원 물품이 부족해 큰 불편을 겪은 일은 없었다. 다만 군인들이 병원을 지키고 있었던 시기에 산소가 부족해 전주에서 지원을 받은 일이 있었다. 혈액도 지원 문의가 왔으나 그것은 보내지 말라고 했다. 시민들이 와서 계속 헌혈을 하고 있었기 때문에 혈액은 차질이 없었다. 우리는 병원을 지키고 있는 군인에게 계엄령으로 인해 일반인의 이동이 자유롭지 못한 만큼 직접 산소를 받아서 가져와달라고 요청했고, 나중에 이를 공급받아 썼다.

5·18민주화운동이 소강 상태에 접어들면서 간호사들은 다시 3교대 근무 체제로 들어갔다. 기존 환자는 대부분 병실로 올라간 상태였다. 그러나 다친 환자들이 계속 오고 있어서 간호사들은 쉬지 못하고 계속 근무에 임했었다.

그런데 놀라운 일이 벌어졌다. 그 다음날 간호사들이 빠짐없이 출근한 것이었다. 간호사 중에는 광주 인근 화순이나 장성 등에 살고 있는 간호사들도 있었고 멀리 장흥에 가 있던 간호사도 있었다.

그 먼 거리를, 그것도 무서운 계엄령이 내려진 상황을 뚫고 모두 병원으로 온 것이었다. 그리고 21일부터 일주일 동안 퇴근을 하지 못한 채 병원에서 계속 근무했다.

1980년 전남대학교병원

총상 사망자, 박○○… 지금 생각해도 눈물

당시 병원에 온 환자 가운데 가장 먼저 기억나는 한 사람이 있다. 생각만 해도 눈물부터 나오는 사람이다. 그는 낯선 유니폼을 입고 있고 50대 쯤 되는 것으로 보아 어느 회사의 간부가 아닐까 생각됐다. 응급실에 도착했을 때 그의 가슴에서는 피가 쿨쿨 쏟아지고 있었다. 우리는 얼른 수혈부터 시작했고 한편으로는 우리가 공급하는 피가 들어가고 또 한편으로는 밖으로 피를 흘리고 있는 모습이었다. 나는 얼른 혈액원으로 전화를 했다. 그곳에서는 시민들이 모두 나와 헌혈을 하고 있다고 했다.

나는 출혈이 심한 환자가 있으니 어서 피를 보내달라고 요청했다. 피를 계속 수혈했으나 그 환자는 결국 사망했다. 그에게 공급하던 피는 여전히 남은 상황이었다. 영안실에 연락해서 사망자를 데려가도록 해 놓고도 나는 한동안 그에게서 눈을 떼지 못했다. 그도 누군가의 남편이고 애들의 아빠일 텐데, 지금까지 내 가슴에 지워지지 않은 상흔으로 남아 있다.

또 잊을 수 없는 환자는 박○○이다. 박○○은 1980년 5월 민주화운동 기간은 아니었지만 옥중 단식 끝에 병원에서 사망한 경우여서 잊히지 않는다. 내가 중환자실에서 가면 그는 매우 슬픈 눈으로 나를 쳐다보곤 했다. 그 눈, 그 눈을 떠올리면 지금도 목이 멘다. 무슨 할 말이 있는 듯 한데 다른 사람들이 있으니 말을 하지 못했고, 나도 물어볼 수 없었다.

남편이 운영한 병원에 온 환자 가운데에도 기억에 남는 사람이 있다. 당시 학생 한 명이 다리에 총상을 입고 온 일이 있었다. 병원에서는 혹시 모를 불상사나 또 다른 피해자가 생기는 것에 대비하기 위해 차트를 남겨놓지 않았다. 그는 전남대학교 학생이었다. 응급처치를 한 뒤 나는 그에게 이곳에 오래 있으면 큰 일이 날 수 있으니 될수록 빨리 집으로 가라고 했다. 그는 자신의 아버지가 형사라고 했다. 나는 전화번호를 알려 달라고 해서 연락을 취했다. 그의 아버지는 새벽 4시쯤에 그 학생을 데리고 갔다.

그런데 훗날 5·18유공자 지정 문제와 관련해 그 학생이 총상을 입고 병원에서 치료받았던 사실을 증거로 제시한 모양이었다. 남편이 세상을 떠난 뒤여서 내가 조사관에게 당시에 있었던 일을 숨김없이 말했다. 그 후로 그 학생이 유공자로 지정됐다는 소식을 들었다.

나는 5·18민주화운동으로 인해 4개월 가량 위경련을 앓았다. 평소처럼 생활하다가도 문득 그 때가 떠오르면 위가 경련을 일으키고는 한 것이었다. 짧은 기간 동안 너무 많은 일들을 겪어서 생긴 일인지도 모른다. 외상후 트라우마인 것이다.

대한간호협회 창립 100주년을 앞두고 이화여자고등학교 유관순기념관에서 '간호사가 국가를 위해 무슨 일을 했느냐'를 주제로 이야기를 나누는 자리가 있었다. 그 때 당초에 강연을 하기로 한 분이 회의로 인해 갑자기 불참하게 되자 당일 현장에서 나에게 의뢰가 들어왔다. 7분 동안 말을 하면 된다는 것이었다. 그래서 나는 5·18 때 경험했던 것을 말하겠다고 했다.

나는 그 자리에서 "우리는 결코 폭도가 아닙니다. 우리 광주 시민은 폭도가 아닙니다."라고 강조했다. 내가 본 군인들의 모습, 싸늘한 주검이 되어 버린 시민, 헌신적으로 생명을 살리기 위해 노력한 의사들, 시민들의 모습을 그대로 전달했다.

"여러분은 지금도 우리가 폭도라고 생각하십니까? 당시 은행 한 곳 털리지 않았고, 경찰서 한 곳 파손된 곳이 없습니다."라고 말하는데 나도 모르게 계속 눈물이 흘렀다. 이야기를 듣고 있던 관중석에서는 연이어 박수소리가 나왔다.

7분이 다 됐다는 쪽지를 받은 나는 이야기를 마치고 강단을 내려 왔다. 그 때 간호장교 한 명이 다가와 경례를 했다. 그는 "저희는 선배님 말씀 듣기 전까지는 몰랐습니다. 안 좋은 소문만 들었었는데 오늘에야 비로소 바로 알게 됐습니다."라고 말했다. 나는 "광주에 오면 망월동 묘지를 꼭 가보세요."라고 말했다.

　나는 전국에서 모이는 회의가 있을 때마다 그 이야기를 하고 다녔다. 간호과장회의를 광주에서 하자는 이야기가 나왔고, 전국에서 온 간호과장들이 직접 묘지를 가보기도 했다.

　중요한 것은 다시는 이런 일이 있어서는 안 된다는 점이다. 같은 민족끼리 싸우고 총을 겨누는 일은 너무 상처가 크고 불행한 일이다. 당시 있었던 사실을 제대로 알리고 잘못된 일을 바로잡는 일도 중요하다고 생각한다.

21

우리는
환자를 가리지 않는다

손 민 자
1980 – 전남대학교병원 간호감독
2017 – 전남대학교병원 명예직원

5·18 초기 출근 중 계엄군 검문 받아

1980년 5·18민주화운동 당시 나는 전남대병원 간호감독이었다. 지금은 팀장, 과장, 부장 등의 직책이 있지만 당시에는 일반간호사, 수간호사, 간호감독, 간호과장으로 나뉘었다. 간호감독은 모두 3명으로, 외래와 병동 구분 없이 돌아가면서 근무를 했다. 당시 병원은 600병상 정도의 규모로 커서 간호사 수도 많은 편이었다.

병원업무를 총괄하는 행정부는 본관 2층에 있었고, 간호과는 한가운데였다. 사방이 벽으로 둘러싸인 곳이어서 5·18민주화운동 당시에는 바닥에 담요를 깔고 잠을 자기도 했었다

5월 18일이나 19일이었던 것으로 기억한다. 아침 7시까지 출근을 해야 하

이 글은 광주광역시간호사회가 2011년 구술을 기술한 「5·18민주화운동과 간호사」를 구술자가 정리한 글이다.

기 때문에 준비를 서두르고 있는데 병원에서 전화가 왔다. 군인이 총을 쏘거나 출근을 저지할 수 있으니까 반드시 공무원증을 차고, 긴 치마를 입어 아줌마처럼 보이도록 하라는 것이었다. 7시쯤 집을 나섰는데 거리에 사람들이 전혀 다니지 않는 것을 보고 놀라웠다. 버스도 전혀 보이지 않았다.

산수교회 뒤편에 집이 있었는데, 인근에 5층 건물이었던 유진장 호텔이 보이는 큰 길로 들어설 즈음 갑자기 "멈춰라. 움직이면 쏜다."하는 소리가 들렸다. 놀라서 고개를 들어보니 유진장 호텔 옥상에서 군인이 총을 겨누고 있는 것이었다. 이어 군인 2명이 나타나더니 몸수색을 했고 "핸드백을 열어 보여라."고 명령하고는, "이 시간에 어디를 가느냐?"고 물었다. 유진장 호텔 옥상에 있는 군인은 계속 나를 향해 총을 겨누면서 나의 앞에 있는 군인들에게 지시를 내리고 있었다. 나는 공무원증을 보이면서 "난 공무원이다. 전남대병원 간호사인데 환자를 간호하러 가야 한다."고 사정을 했다. 군인들은 옥상에서 총을 들고 있는 동료에게 별다른 이상이 없다는 표시를 보냈고, 그가 다시 통과시켜 주라는 신호를 보내고서야 겨우 병원에 출근할 수 있었다.

그날 병원에 출근 한 후 계엄군이 물러날 때까지 3~4일 동안 나는 집에 가지 못했다. 병원에서 먹고 자며 생활 했다.

총상 환자들이 한꺼번에 밀려들기 전, 병원에서는 관리자들의 회의가 열렸었다. 시위가 일어나니까 병상이 부족하더라도 환자를 거절해서는 안되고, 아무리 우리가 어려운 상황이어도 오는 환자를 막아서는 안된다는 것이 주된 내용이었다.

나는 하루에도 수차례 병원 11층 병실에서 밖의 동태를 살펴 보곤 했다. 당시에는 병원과 인접한 도로가 도청으로 직결된 상태여서 그것 만으로도 도청의 형편을 대략이나마 알 수 있었다. 나는 유리창 커튼 틈새로 바깥 동향을 살폈고 궁금해 하는 주위 사람들에게 알려 주곤 했다. 또 그 내용은 우리가 나름대로 향후 대책을 세울 수 있는 근거가 되기도 했다.

당시 시민군이 12층 옥상에 기관총을 설치한 일이 있었다는데 병원장님까지 나서서 철거하라고 설득하기도 했다. 나는 평상시에 옥상에 가서 시내 상황을 살피던 버릇이 있어서 몰래 본 뒤 내려오고는 했는데 한 번도 그곳에서 총을 쏘는 모습은 보지 못했다.

당시에는 시민뿐만 아니라 계엄군이 다쳐서 병원으로 오기도 했다. 우리는 '환자를 가리지 않는다.'는 철칙이 있기 때문에 모두 똑같이 치료를 했다. 다만 우리가 환자를 대하는 태도는 조금 변화가 있었다. 그 이전에는 시민군 입장에서 마음 놓고 대화를 주고 받고 정보도 공유하고 했지만 그런 이야기를 일체 하지 않게 된 것이다. 나중에 군인 환자들은 하나 둘씩 모두 국군통합병원으로 이송돼갔다.

전남대병원이 도청과 가까워서인지 주변에서 많은 충돌이 벌어졌다. 전남대병원 오거리는 물론이고 의대 앞 ○○약국, 성빈여사 앞 등에서 크고 작은 충돌이 있었다. 특히 응급실 쪽에서 심했는데 투석전이 벌어지면서 돌멩이가 날아오기도 했다. 나는 일반 간호사들에게 "지금 밖에서 어떤 상황이 벌어지고 있으니 조심하고 환자들 잘 간호하고 있으세요."라고 지시하곤 했다.

환자들이 밀려 들면서 간호사들은 누가 먼저라고 할 것 없이 모두 퇴근을 포기했다. 그럴 때면 "몇몇 간호사만 남기고 들어 갔다가 내일 나오세요."라고 내가 먼저 말을 하고 다녔다. 병원에 있는 간호사들은 계속된 근무로 인해 무척 힘들었기 때문에 틈틈이 병동이나 휴게실에서 쉬는 시간을 가졌다.

당시 간호사들은 2층 간호과에서 잠을 잤다. 사방이 벽으로 둘러싸여 있어서 혹시 있을지 모를 총격으로부터 안전했기 때문에 간호사뿐만 아니라 일부 다른 직원도 바닥에 담요를 깔고 잠을 청하는 경우가 있었다.

회의는 하루에 수차례 진행됐다. 회의 안건은 주로 환자에 대한 대처 방안이었다. 응급실에 밀려오는 환자들을 어떻게 할 것인가, 병상가 부족할 때는 어떻게 할 것인가 등에 대한 것이었고 수술 의사들이 퇴근했을 때는 어떻게

전일빌딩　구 도청

전남대학교병원 옥상에서 바라 본 도청(故 위르겐 힌츠페터 기증, 제공: 5·18기념재단)

전남대병원이 도청과 가까워서인지 주변에서 많은 충돌이 벌어졌다. 전남대병원
오거리는 물론이고 의대 앞 ○○약국, 성빈여사 앞 등에서 크고 작은 충돌이 있었
다. 특히 응급실 쪽에서 심했는데 투석전이 벌어지면서 돌멩이가 날아오기도 했다.

대처할 것인가 등에 대한 내용도 있었다. 또 당시 내과 의사들은 상대적으로 여유가 있었기 때문에 내과나 마이너 파트 의사들이 외과 환자들을 도울 수 있는 방법은 무엇인가에 대한 회의도 있었다.

병원장님이 주재하는 회의에서는 직원이 동요하지 말고 최선을 다해 환자들을 돌보라는 내용이 주류를 이뤘고, 특히 의사들에게 많은 지시를 했다. 의사들이 환자를 치료하는데 일손이 부족해서 못했다는 말이 나오지 않게 내과나 마이너 파트에서 많이 협조를 해달라는 당부였다.

그 외에는 간호과장이나 간호과에서 할 일들이었는데 우리는 간호과에서 모두 알아서 잘 처리했다. 방사선과나 검사실 직원들도 바빴는데 자진해서 응급실 앞에서 대기하고 있으면서 일이 발생하는 대로 착착 처리했다.

응급실 간호사는 한 병동에서 한 명씩만 보내도 충원이 됐다. 응급실에 가면 모든 상황을 알 수 있고, 각종 정보도 얻을 수 있기 때문인지 호기심 많은 간호사들은 자원을 하는 사례가 많았다.

"엄마! 비행기에서 쏘았어. 총 쏘았어"

당시 군인들이 병실을 수색 했다는 보고를 받기도 했는데 주로 1동이 대상이었다. 수시로 일어난 일은 아니었다. 시위가 격화돼 근처에서 도피자가 생겼다거나 병원으로 뛰어들었거나 했을 경우 발생하곤 했다. 그나마 곧바로 알지는 못했고, 내가 2시간마다 라운딩을 하는 과정에서 간호사들을 맞닥뜨릴 때 보고를 받았을 뿐이었다.

5·18민주화운동이 발생된 지 얼마 후 집에 갔을 때였다. 아들이 정확하지 못한 발음으로 그동안 있었던 일들을 이야기하는 것이었다. 아들은 약간 흥분된 목소리로 "엄마, 엄마, 비행기에서 총 쏘았어. 헬리콥터에서 총 쏘았어. 총 쏘았어."라고 말했다. 나는 어린 아들이 거짓말을 할 리가 없다고 생각했고, 이후에도 몇 년 동안 그 소리를 들었다. 또 당시에 동네 아줌마들은 집에

서 쌀과 재료를 준비해가서 누구누구랑 산수시장에 가서 김밥 만들고 왔다며 뿌듯해 하는 모습을 보기도 했다.

당시 병원의 식품 공급에는 큰 어려움이 없었다. 전남대병원이 국가병원으로서 비상시에는 광주 육군통합병원과 같은 역할을 해야 했기 때문에 그에 따른 준비 체계를 갖추고 있었던 것이 큰 도움이 됐다. 3개월분의 모든 물자를 보유하게 돼 있었던 것이다. 중앙소독공급실 물품도 비치돼 있었고, 수술실의 장비도 있었다.

식사의 경우 수술실이나 각 병동 부서 등에서 자급자족으로 밥을 해 먹었던 것 같다. 간호부에서는 밥을 해먹지는 않았는데 그렇다고 식당에서 차분히 먹은 기억도 없다. 누군가 응급실 코너에 밥을 갖다 놓으면 틈나는 대로 각자 알아서 먹는 식이었다. 어느 날인가는 느닷없이 배가 깎여서 놓여 있길래 이 난리통에 웬 배가 있느냐고 했더니 "환자 보호자가 간호사를 위해 가져 왔다."는 이야기를 듣고 감동했던 일이 있었다.

의약품에서 가장 큰 문제는 혈액과 산소, 마약 관련 약품이었다. 수술을 하기 위해 필수적인 마약, 일종의 모르핀(morphine)이나 데메롤(demerol)이 부족한 것이었다. 그 때 도움을 준 사람들이 시민군이었다. 응급실에 대기하고 있는 시민군에게 상황을 설명하면 한 밤중이라도 산소 탱크를 가져 왔는데 출처를 물어보면 송정리라고 하기도 하고, 어떤 때는 나주라고 하기도 했다. 수술실 간호감독 말에 따르면 당시 수술실에서 쓰던 산소 탱크가 50개 가량 있었는데 외부에서 가져온 탱크 수가 훨씬 많았다고 한다. 시민군들은 모르핀이나 데메롤 역시 부족할 경우 약국 문을 두드리거나 개인 병원 등을 찾아서 구해 왔다. 혈액 부족에 따른 문제는 곧 해결 됐다. 병원 직원은 물론 시민군과 일반 시민들이 자진해서 팔을 걷어붙였기 때문이다.

헌혈과 수혈은 병원에 관련 시설이 모두 갖춰져 있었기 때문에 어려움 없이 진행할 수 있었다. 채혈을 한 뒤 검사를 실시하고 안전성이 보장된 혈액을 수혈했다. Rh-형처럼 특수한 혈액형의 경우 시민군에게 말을 하면 오랜 시간이 걸리지 않아서 헌혈자들을 찾아서 오기도 했다.

시민군이 병원에 있을 경우에는 총기 조작이 미숙해서 사고가 날 수도 있다는 생각에 일반 간호사들은 무서워하기도 했다. 일부는 나에게 와서 '총 든 사람이 안 다녔으면 좋겠다.'든지 아니면 '총을 안전한 곳에 놔두었다가 필요할 때 가져가면 좋겠다.'는 건의를 하기도 했다. 하지만 나는 "괜찮아요, 시민군이니까 괜찮아."라고 다독이고는 했다.

당시 우리는 총 든 시민을 '아군'이나 '우리 시민들'이라고 주로 불렀다. 군인들은 '공수부대'나 '계엄군'이라는 호칭을 썼다. 그러나 응급실에 대기하는 시민군의 경우 얼굴도 알고 친해진 상황이라 이름을 부를 필요도 없이 바로 대화를 하고는 했다.

시민군은 응급실과 병동 등에 고정적으로 있었다. 교대로 근무를 하는 것 같았는데 나는 지금도 당시 산소와 마약 등의 의약품을 가져다 준 사람을 알고 있다. 직접 피해를 본 사람뿐 아니라 그렇게 솔선수범해서 활동했던 사람들도 5·18유공자가 되어야 한다고 생각한다.

"시민군을 은폐하면 폭파시켜 버리겠다"

5·18 당시 계엄군이 건물 옥상에 폭발물을 설치했다고 협박한 사례가 있었다.

1층 현관홀에서 계단 방향 입구 쪽에서 계엄군 군복을 입은 높은 계급의 사람이 병원 직원 아무개에게 "폭발물을 설치 해놨다. 우리가 시키는 대로 하지 않으면, 시민군을 은폐하면 폭파시켜 버리겠다…"고 말을 하고 돌아서는 것이었다. 나는 얼른 그 사람의 얼굴을 보기 위해 뒤쫓아 갔다. 나는 그가 계단 쪽에서 커브를 돌 때 옆 모습이나마 분명히 볼 수 있었다. 그 후부터 우리는 공포 속에서 근무를 할 수 밖에 없었다. 옥상 어디에 폭발물을 설치 했을 지 궁금하기도 했지만 생각뿐이었다. 그동안은 옥상에 자주 올라가 도청이나 시내에서 시위하는 모습을 보았는데 그날 이후로는 올라갈 엄두가 나지 않았다. 무서웠다. 병원 건물에 1,000~2,000명의 사람이 있는데 폭발물이 터질 경우 수 많은 사람들이 죽을 수 있다는 생각에 두려움이 밀려 왔다.

27일 계엄군이 도청을 진압할 때 병원 응급실 등에 총알이 날아든 일이 있었다. 당시 응급실이 도로와 인접해 있어서 우리는 창문에 커튼을 치고 매트리스들을 세워 혹시 모를 사태에 대비하고 있었다.

그런데 군인들이 들어오면서 총소리가 나기 시작했다. 우리는 나중에 응급실에도 총격이 가해졌다는 것을 알았다. 지금과 달리 당시에는 매트리스 내부가 스폰지가 아닌 솜이었는데 밖으로 관통하지 않고 안에서 둥글게 말려 있는 총알을 우리가 직접 빼내기까지 했다. 응급실 콘크리트 벽에도 총알 흔적이 있었으며, 유리창이 깨지기도 했다. 우리는 군인들이 병원 응급실에 환자가 있을 줄 알면서도 총격을 가했다는 점에서 울분을 참지 못했다.

몰려오는 환자 대처

평상시 환자가 오면 간호사들의 수술 준비는 일정한 절차를 거친다. 한쪽 팔에 수액을 굵은 바늘로 주사하고 다른 한 쪽 팔은 수혈을 위해 더 굵은 바늘을 주사한다. 상처 부위는 깨끗하게 하고 수술 도중에 대변이나 소변이 나오지 않게 처치를 하며 환의도 입히게 된다.

하지만 5·18민주화운동 당시에는 그럴 여유가 없었다. 환자가 오고 수술을 받아야 한다면 혈관 주사를 놓고 어떤 수술을 받아야 할지를 우리가 일차적으로 판단할 수밖에 없었다. 의사는 물론 인턴이나 레지던트가 있다고 해도 모두 정신없이 바쁜 상황이기 때문이었다. 우리가 종이에 이름 홍길동, 나이 몇 살, 어디에 총상, 어디에 골절상… 등등을 이마나 가슴에 써서 붙여 놓으면 의사들은 자신들의 과에 해당하는 환자를 데려 가는 방식이었다. 위기상황이 닥치니까 간호사들의 역할이 확대될 수밖에 없었다.

수술도 할 수 없이 사망하게 될 환자는 중환자실로 올려 보냈다. 그곳에서도 기관 삽입(intubation)이나 기관절제술(tracheostomy)을 해야 한다는 결정을 우리가 하는 사례가 많았다. 이어 의사가 오면 의견을 전달하고 그때부터 처치를 진행 했다.

응급실은 1층 홀과 복도까지 환자로 가득 차 있었다. 의사들이 지속적으로 환자들을 데리고 올라 갔지만 그 곳은 계속 만원이었다. 만약 환자가 사망 상태로 왔다면 의사에게 사망 선언을 받고 영안실로 보내는 역할도 간호사의 몫이었다.

사망한 환자는 영안실에서 책임을 졌다. 사망자들이 잇따르자 일반 사망자 가족은 자신들이 좀 더 여유 있는 곳을 찾아 옮기겠다 하고, 일부는 우리가 권유하기도 했다.

당시 치료비를 내고 간 환자들은 거의 없었다. 우리는 이를 알고도 묵인했다. 환자가 한 명이라도 나가야 새로운 환자를 받을 수 있기 때문이다.

성명 미상의 환자들도 많았다. 그럴 경우에는 예를 들어 '남동 여', '돌고개 남' 등의 방식으로 부상한 장소와 성별을 기재해 놓았는데 간단한 치료를 필요로 하는 환자는 치료 후 귀가하고, 수술이나 입원을 할 경우에는 나중에 보호자들이 찾아 와서 신원이 밝혀졌다. 조금 몸이 나아져서 자신의 집 부근 병원으로 옮기고 싶다고 하는 환자는 원하는 대로 조치하기도 했다.

계엄군이 도청으로 재진입하기 전에도 나는 병원에서 똑같이 근무하고 있었다. 26일부터 군이 다시 진주 한다는 소문이 퍼졌다고 하는데 나는 듣지 못했다. 다만 그 즈음에는 시민군과 군의 충돌이 없는 진정 국면이어서 퇴원하는 환자들이 많았다. 무서워서 집으로 가겠다고 하는 환자들을 꽤 많이 퇴원시켰는데 그래도 역시 병원은 만원이었다.

다행히 분만실을 찾은 산모들은 큰 불편 없이 애를 낳을 수 있었다. 분만실이 응급실과 떨어져 있고, 간호사들이 있었기 때문이다. 등화관재 훈련이 수시로 있던 때라서 야간에는 훈련 때처럼 커튼을 치면 불빛이 새어 나가지 않기 때문에 총탄 등의 위기상황에서도 좀 더 자유로울 수 있었다.

박○○ 전남대 총학생회장 기억 생생

5·18민주화운동 관련 환자 가운데 가장 기억에 남는 사람은 박○○이다. 전남대 총학생회장이었던 그는 수배상태에서 숨어 지내다 잡혔고 심한 고문에 시달렸다고 하는데 병원에 왔을 때는 상태가 매우 좋지 않았다. 우리는 중환자실에 있는 그가 편히 쉴 수 있게 해주고 싶었지만 군인이나 경찰이 매일 찾아와 조사하면서 스트레스를 줬다.

병원에서는 박○○이 회복되기를 바라면서 직원들끼리 매일 상태를 물어보고는 했는데 결국 사망하는 바람에 많은 사람들이 눈물을 흘리기도 했다. 우리는 전남대병원 직원이고 그는 전남대학교 총학생회장이었기 때문에 '우리는 한 가족'이라는 공감대가 컸는지도 모른다.

서울 총회서 5·18민주화운동 진실 적극 홍보

5·18민주화운동이 진정된 후에도 간호사 중 일부는 후유증을 겪었다. 3명 내외였던 것 같은데 나는 그 간호사가 소속된 병동 수간호사나 동료들에게 "저 간호사가 스트레스를 받아서 그러니 함께 근무하면서 잘 다독여 주세요. 시간이 지나면 모두 정상으로 회복될 테니 협조해 주세요."라고 당부했다.

나는 두 차례 간호협회 이사로 활동한 바 있다. 당시에 서울 총회에 가면 전국에서 온 이사들에게 5·18민주화운동에 대해 이야기를 하곤 했다. 이야기를 하다 보니 많은 사람들이 5·18을 왜곡해서 이해하고 있다는 것을 알게 됐다. 나는 그들에게 5·18의 진실을 알려 주려고 노력 했고, 우연히 다른 사람들이 나누는 이야기를 듣게 되더라도 잘못된 부분이 있으면 이를 바로잡았다. 5·18 역사에 대한 홍보인인 셈이다.

5·18민주화운동 이후 곧바로 군이나 경찰에서 환자들에 대한 조사를 진행했다고 보고를 받은 적은 없다. 한참이 지난 후 경찰이나 군에서 조사를 했는데 어쩌다가 다쳤는지를 확인하는 것이 주요 내용이었다. 아마 언제 시위에 가담했는지를 알고자 했던 것이 아니었나 싶다.

의료진 중에서는 원장과 간호과장이 조사 받았을 것으로 생각된다. 확실하지는 않지만 조사하러 온 사람들이 원장실을 자주 드나들었던 기억이 있다. 나중에는 전남도청에서도 조사를 했는데 병원에 도움을 주기보다 자신들이 상부에 보고 할 내용만 파악하느라 바쁜 것 같아 핀잔을 주기도 했다.

당시를 회고해 보면 우리 간호사들이 위기 상황을 잘 대처 했다고 생각된다. 간호사들은 위기 대처 능력이 뛰어나기 때문에 또다시 어떤 상황이 닥쳐도 잘하리라고 보는데 미리 대비해야 할 것은 있다고 판단된다.

나는 광주라는 도시가 대단하다고 생각한다. 역사에서 중요한 고비마다 의연하게 들고 일어나 불쏘시개 같은 역할을 했는데 그런 정신이 몸에 배고 현실을 외면하지 않는 열정적인 피가 흐르는 것이 아닌가 싶다.

22

5월 19일은
24시간 근무하다

김 영 옥
1980 – 전남대학교병원 응급실 책임간호사
2017 – 서영대학교 간호학과 교수

5·18민주화운동 당시 내내 전남대병원 내에서 다른 데는 가지 못하고 환자를 돌보며 기숙해 사실상 외부에서 일어나는 상황에 대해서는 동료들이나 환자들의 이야기나 모습에서 짐작할 뿐이었다. 특히 당시에 기억 나는 점은 12시간 거의 교대근무도 없이 환자를 돌보느라 간호사 기숙사도 가지 못하는 실정이 있었다. 당시 전남대병원 응급실에 들어온 부상자와 환자는 약 3백여 명으로 추정되는데 상당수가 중상자나 어려운 환자였던 것으로 기억된다.

대부분 전남대병원에 후송되어온 환자는 개원가에서 치료나 수술을 할 수 없는 경우가 많았던 것으로 기억된다. 또 하나 당시 응급실 진료팀이 매우 헌신적이고 적극적으로 치료에 임했다. 특히 주치의 선생님들이 직접 환자를 옮기던 광경이나 어느 과 누구를 막론하고 환자를 돕는데 적극적으로 나섰

이 글은 1996년 광주광역시의사회가 발간한 『5·18 의료활동』에 실린 글을 옮겼다.

던 것들이 아름다운 기억으로 남는다.

당시 나는 응급실 책임간호사로 모든 응급실 환자 기록을 담당하고 있었다. 그 당시 응급실 운영은 다른 과의 기존 인원은 그대로 배치해 두고 나머지 모든 직원이 응급실에 투입되었다. 그러던 중 하루는 우리 병원 외과 레지던트로 근무하던 박현준 선생님이 응급실로 치료를 받으러 왔다. 상처 부위를 보니 등에 가로로 핏줄이 서 있었는데, 맞은 자국만 있었고 부러지거나 크게 상처가 난 곳은 없어 특별한 치료를 하지는 않았다. 다쳤던 이야기를 들어보니 조대 입구 부근에서 잡혀 끌려 갔다는 것이다. 오전에 잡혀 갔다가 오후에 풀려 났는데 다행히 공수부대에 관련된 사람 중 의사 선배가 있어 그분이 말해 나올 수 있었다는 것이다.

당시 박 선생님의 상처를 보고 '심하게 맞았구나.'하는 생각은 들었지만 무섭다는 생각까지는 하지 못했다. 19일에는 24시간 꼬박 근무하고 그 후에는 분만실에 숙식하면서 거의 12시간 교대근무를 했었다.

환자의 신분이 모호하고 중상자가 많아 대화를 할 수 있는 상황이 아니었다. 특히 신분 확인을 위해 이마 등의 부위에 각각 다른 표시로 반창고를 붙여 표시했다. 또 그 사람의 특징을 살려 열쇠 뭉치를 가지고 있는 환자는 '열쇠', 자개공장에서 일했던 남자 환자는 '자개 남'식으로 어떤 특징을 찾아내 이름을 적었다. 아마 그렇지 않은 사람은 본인이 신분증을 가지고 있거나 보호자가 있는 환자였는데 보호자가 없는 환자가 상당히 많았다. 그래서 보호자가 없는 환자는 넓은 반창고에 이름을 써서 이마나 손목 등에 붙이곤 했다. 당시 응급실에는 상당히 많은 의사 선생님들이 있었고, 워낙 많은 환자가 들어오곤 해서 환자 일지 적기에도 바빠 개별 환자에 대한 기억을 거의 할 수 없었다.

가장 뚜렷이 생각나는 것은 당시 응급실팀이 몸을 바쳐 헌신적으로 일했던 것으로 기억나며, 그렇게 열성적으로 일했던 적은 아직까지도 없다.

23

모두들 전쟁을 방불케 하는
공포를 느끼고 있었다

이 윤 민

1980 – 전남대학교병원 중환자실 간호사
2017 – 동강대학교 간호학과 교수

5·18민주화운동이 일어났던 기간에 수술실 기록지에 이름이 남겨져 당시의 상황을 글로 남겨 달라는 부탁을 받고 지금부터 37년 전의 어렴풋한 기억을 되살려 보았다. 당시 근무했던 간호사 세 사람의 의견을 참고하여 구체적이지는 않지만 그때의 상황을 기억해 보려고 하였음을 이해해 주었으면 한다. 당시 일시에 몰려 드는 환자의 수술로 인해 어려웠던 부분이 기억에 남았던 것에 의존하여 글을 적어 보겠다.

1980년 5월 18일은 일요일이었다. 당시 간호사 당직은 2부제인데 일요일부터 시작되는 근무제였다. 5월 초부터 전국의 일부 대학에서 계엄철폐를 요구하는 시위가 잦아 뒤숭숭한 분위기가 되었고 17일 전 지역에 내려진 비상계엄을 전국에 확대하는 조치가 내려진 것이 광주 역시 민주화운동의 자연발생적인 배경이 되었다고 들었다. 5월 18일 계엄군인 공수부대원들은 전남대 앞 시위를 저지 하였으며 대학생들은 광주역에 재집결해서 시위를 하다가 시위대가 점차 늘어나면서 공수부대원이 시내에서 시위 진압에 나섰다고 한다. 시위대가 늘어나면서 오후부터 무차별 진압작전이 이루어져 부상자가 나오기 시작하였다. 당일 외과(surgery part)의들은 비상팀을 구성하였고, 수술실의 당직 간호사들은 퇴근하지 못하고 1주일 내내 병원에서 기거하였다. 응급대처를 위해 숙소는 따로 정하지 않고 수술실의 비제한구역의 일부에 책상을 붙여 숙소로 이용했었다. 대부분의 식사는 식당에서 양푼에 담아온 밥을 비벼서 해결했었고 나중에는 먹을게 없어 병원 앞 남광주시장에 갔으나 식품이 없어 겨우 시든 야채와 김치만 사온 적도 있었다.

5·18 수술 접수장부는 따로 두어 환자를 접수하였고 심각한 총상 환자들이 많이 들어오면서 수술 재료들이 부족하여 병동 수간호사들을 동원하여 재료를 만들었고 수술 봉합사는 대롱에 감아 소독하여 사용 하였다. 거즈나 패드는 너무 부족하여 삶아서 세탁해 온 것을 소독하여 재사용하였고 포장을 못해 한꺼 번에 여러 장을 통에 넣고 소독하여 수술에 조달하였다. 야간에는 간호사들이 전부 수술에 들어가는 바람에 순환 간호사가 없어 준비하고 다시 수술 들어가기를 몇 번이나 반복하였다.

그때 당시 한 환자(약 30대 후반, 남)는 곤봉으로 맞아 안구파열(eyeball rupture)되어 영구적인 결손을 가지게 되었는데 웃으면서 그나마 한쪽이 괜찮아 다행이라는 말씀을 하여 다들 가슴 아파했던 기억이 난다.

총상 피해 환자들이 한꺼 번에 수술실에 들어온 경우 너무 위급하였으므로, 사용한 기구를 소독할 시간도 없어 기구를 알코올로 닦아서 사용한 적도 있었다. 총알이 수술실로 들어온 경우가 두번 있었는데 한번은 도로쪽 수술방인 9수술실에서 수술 중 외부에서 총알 파편이 들어와 벽을 맞고 튄 경우가 있었고 한 번은 외부 복도를 통해 들어온 총알 파편이 수술 중이신 김신곤 교수님의 발목을 스쳐 지나가 경미한 흔적을 남긴 사례가 있어 모두들 전쟁을 방불케 하는 공포를 느끼고 있었다. 때로는 수술 중 들리는 큰 총 소리에 놀라 수술 침대 옆에서 도망 가지도 못하고 주저 앉는 경우도 있었다. 당시 수술에 임했던 간호사는 흉부외과 총상 환자의 총알이 들어간 부분과 총알이 나온 부분의 상처 크기가 현저히 차이가 났던 것을 기억하였다. 방송국과 파출소까지 계엄군이 침입 하였다는 이야기, 병원에 숨은 시위대들을 잡아가기 위해 병원을 이 잡듯이 뒤지고 있다는 이야기, 병원 직원이 출근길에 다쳤다는 이야기, 총상으로 사망한 사체를 가족들이 찾을 수 있게 영안실 앞에 모신 이야기 등이 들리고 있었다. 시간이 지남에 따라 가슴에 많은 상처를 남긴 채 수술실도 수술이 줄어 들면서 점차 예전대로 돌아왔다. 당시 수술에 임했던 많은 의료진들에게 감사를 드린다.

24

젊은 사람
환자복 입혀 숨기기도

이 진 숙

1980 - 전남대학교병원 흉부외과 병동 책임 간호사
2017 - 전남대학교병원 명예직원

5·18 총탄 환자 보며 심각성 깨달아

1977년부터 간호사 생활을 시작하는 나는 1980년 5·18민주화운동 당시에는 흉부외과 병동에서 일반 간호사로 일하고 있었다. 경력이 어느 정도 있었기 때문에 책임간호사(charge nurse)를 맡고 있을 때였다. 나는 능력이 뛰어나거나 일을 아주 잘하는 간호사는 아니었지만 마음속에는 '항상 환자와 같이 하는 간호를 해야겠다.'는 생각이 있었고 그것을 위해 열심히 일 했었다.

정확히는 모르겠지만 당시 전남대병원은 600병상 정도 됐었던 것 같고 간호사는 200~300명가량 되지 않았을까 싶다. 그 중 내가 근무하던 10층 A병동에는 9명 정도의 간호사가 있었다.

이 글은 광주광역시간호사회가 2011년 구술을 기술한 「5·18민주화운동과 간호사」를 구술자가 정리한 글이다.

1980년 전후 우리나라는 정치적으로 매우 혼란했던 시기였던 것 같다. 학교에 다니거나 출·퇴근을 하면서 최루탄으로 인해 고생했던 기억이 있고, '언제나 이런 상황들이 끝날까?' '언제까지 이래야 되나?' 등의 생각을 많이 했던 것 같다.

5·18민주화운동의 심각성을 처음 인식하게 된 계기는 총탄에 맞은 환자들이 병원에 들어오면서 부터였다. 정확한 날짜는 기억나지 않는데 18일보다는 조금 지난 시점으로 알고 있다. 기숙사에서 생활을 하고 있을 때 였는데 환자들이 몰려오자 '아! 이거 심각하구나.'라는 생각이 들었고 병원 역시 비상체제로 들어갔다. 병원은 우리의 신변 문제도 있기 때문인지 퇴근을 하지 못하게 했다. 당시에는 집에서 출·퇴근하는 동료도 있었는데 그들 역시 집에 가지 못하고 병원에서 보내야 했다.

5·18 당시에는 병원에만 있었기 때문에 개인적으로 시위에 참여를 하거나 참관을 한 적은 없다. 다만 어느 정도 안정이 된 후에 임동에 있는 언니 집까지 걸어서 간 적은 있었다.

나중에야 그날이 계엄군이 광주로 진입하기 전날인 26일일 것이라는 이야기를 들었는데, 그 때만 해도 낮에 사람이 많지 않았던 것 같다. 언니 집을 향해 가면서도 '혹시 군인에게 잡히면 어떻게 하나.'라는 두려운 마음이 있어서 큰 길 보다는 가급적 골목길을 이용했다.

언니 집에서 특별한 이야기를 나누지는 않았다. 언니는 "어떻게 왔느냐?" "무서운 데 왜 왔느냐?"는 등의 걱정스런 이야기만 했을 뿐 주변 상황 등과 관련한 대화는 없었다.

병원에서는 당시 상황과 관련해 전두환을 중심으로 한 군부세력이 자신의 뜻을 따라주지 않기 때문에 광주를 반대세력으로 판단하고 강제 진압한다는 이야기가 돌았고, 그로 인해 독재정치에 대한 울분들을 삼키고 있었다.

젊은 사람 환자복 입혀 숨기기도

정확히 며칠인지는 기억나지 않지만 계엄군이 병원에 들어왔다. 우리 병동에도 병실을 보겠다고 군인 2명이 와서 둘러보고 갔다. 우리는 젊은 사람의 경우 수색을 통해 잡아간다는 소문이 있어서 그들을 보호하기 위해 애썼다. 난리를 피해 온 사람인지, 환자의 보호자인지는 잘 모르겠지만 젊은 사람이 있으면 "빨리 환자복을 입어라."라고 한 뒤 침상에 눕히기도 하고, 어디든 숨도록 도움을 주기도 했다.

밤에는 병원에서 커튼을 내리고 불을 끈 채 문을 절대 열지 못하게 했는데, 이것을 단속하는 것도 간호사의 업무였다. 그러나 정작 우리는 바깥 상황이 궁금해 요령 있게 밖을 내다 보기도 했는데 사람이 한 명도 다니지 않고 불빛도 전혀 없어서 무서웠다. '아! 전쟁이 일어나면 이렇게 되겠구나. 이렇게 숨도 제대로 못 쉴 정도로 무섭고, 모든 것이 멈춰버린 상황이 되겠구나.' 라는 생각이 들었다. 더욱이 '총소리가 가까이 들렸을 때 이렇게 위협적인데… 전쟁 아닌 전쟁을 내가 겪고 있구나.'라는 생각이 머리를 스치면 온몸에 소름이 돋기도 했다.

시일이 지나면서 병원에 비축해 놓은 식품들에 대한 걱정이 시작됐다. 쌀과 반찬 등이 떨어져 간다는 이야기가 들린 것이다. 특히 환자들은 어떻게든 식사 공급을 했다고 하지만 보호자는 자체적으로 해결해야 하기 때문에 어려움이 있었다. 그로 인해 일부 보호자는 환자 식사를 같이 먹는 경우가 많았다. 그래도 식사를 거르지는 않았다. 우리는 라면을 끓여 먹기도 했는데, '이 상황이 오래가면 큰 일 나겠다.'는 위기감을 느낄 수밖에 없었다.

내가 근무하던 흉부외과 병동은 40병상 가량 있었는데 환자들이 거의 차 있었다. 업무는 큰 변동이 없었지만 일반 간호사의 경우 응급실에 파견 근무를 하기도 했다.

총상 환자 등은 대부분 응급실에서 조치를 했기 때문에 내가 근무한 병동에 입원한 적은 없었다. 5·18민주화운동 이후에도 총상이나 자상, 타박상 등으로 인한 환자를 직접 치료한 기억은 없다.

의사의 회진, 전공의들의 주기적인 방문, 인턴들의 상처소독(dressing) 등은 평소처럼 이뤄졌지만 수술실, 응급실에 상황 변화가 많아 시간은 일률적이지 못했다. 산소와 혈액의 부족으로 어려움을 겪은 적은 없었다. 산소는 벽면에 부착된 병실이 몇 곳 있었고, 그렇지 않은 곳에서는 이동용 탱크(portable tank)로 사용했다. 혈액 역시 응급실과 수술실로 우선 투입됐지만 우리 병동에서 부족하다고 느낀 적은 없었다.

5·18 초기 국면에는 병원이나 환자가 요청해서 퇴원을 한 사례도 있었지만 많은 사람들은 오히려 병원이 더 안전 지역이라고 생각했다. '아무리 군인이라고 해도 병원을 향해 총을 쏠 수는 없을 것이다. 그러니 병원이 가장 안전한 곳이다.'라는 인식이 있었던 듯하다.

그런데 언제인가 병원을 향해 총을 쏜 것이 확인되면서 사람들에게 분노를 일으켰다. 10층에도 총탄이 들어오고, 간호사의 단속에도 불구하고 어느 방에서 사람들이 내다 봤는지 그곳에도 총탄이 들어온 것이다. 그 즈음 수술장에도 총알이 날아 왔다는 이야기를 들었다. 계엄군이 철수하자 머리끈을 맨 시민군이 거리에서 차를 타고 다니는 모습, 총을 든 채 노래를 부르는 모습 등이 보였는데 병원 내에서 본 기억은 별로 없다.

'어떻게 군인이 시민을 죽일 수 있나'

5·18민주화운동을 겪으며 간호사로서 가장 힘들었던 점은 진료나 업무에 관한 것이 아니었다. '어떻게 나라와 국민을 지키는 군인이 시민들을 무차별적으로 다뤄 위협을 주고 심지어 죽이면서 전쟁과 같은 공포로 몰아갈 수 있을까?'하는 데 대한 속상한 마음이 더 컸다.

돌이켜 보면 당시 응급상황에 대해 병원과 의료진이 최선을 다했다는 생각

현 전남대학교병원 내 있는 5·18민주화운동 사적 9호

'5·18민주화운동에 우리가 흘린 피와 눈물 등의 희생이 우리나라의 민주화를 앞당겼구
나.' '이를 통해 우리가 지금처럼 발전하고 잘 살 수 있었구나.'라고 실감하면서 광주 시민이
더욱 위대해 보이고 자부심도 느낀다.

이 든다. '국가가 위기를 맞았다든가 환자가 발생했을 때는 누구든 뛰어가 돕는다.'는 생각을 갖고 있었기 때문에 어려움 속에서 모두 힘을 보탰다.

개인적으로는 전쟁이 다시는 일어나서는 안 된다는 생각과 정치에 관심을 갖는 계기가 됐다. 과거에는 '그냥 우리는 살던 대로 지내면 되고, 정치는 다른 사람들이 하는 거지.'라는 생각이었는데 이제는 '정치가 바로 서야 한다.'라는 신념을 갖게 됐다. '5·18민주화운동에 우리가 흘린 피와 눈물 등의 희생이 우리나라의 민주화를 앞당겼구나.' '이를 통해 우리가 지금처럼 발전하고 잘 살 수 있었구나.'라고 실감하면서 광주시민이 더욱 위대해 보이고 자부심도 느낀다.

인간의 궁극적인 목표는 자유롭고 행복하게 사는 것인데 당시처럼 인간 권리를 침해한다는 것은 있을 수 없는 일이기 때문에 5·18민주화운동은 그런 점에서 의미가 있다고 후손들에게도 말하고 싶다. 다시는 그런 일이 일어나면 안 되지만 만약 비슷한 일이 발생한다면 나는 좀 더 다른 시각으로 볼 수 있을 것 같고 더 적극적으로 대처할 수 있겠다는 생각이다.

25

일어나서는 안 될 일,
일어나지 말았어야 할 일

윤 혜 옥
1980 – 전남대학교병원 수술실 간호사
2017 – 전남대학교병원 명예직원

1979년 전남대병원에 입사하여 수술실에서 근무를 시작한 나는 1980년 5월 당시 수술실 2년차 간호사였다.

지금과 마찬가지로 수술실은 1동 3층에 있었으나, 1980년 당시 수술 room은 총 8개로 정문 쪽에 5개(1, 2, 3, 5, 6 Room), 지금의 제봉로 쪽에 3개(7, 8, 9 Room)가 'ㄱ' 형태로 배치되어 있었고, 평일 정규시간 이외의 공휴일과 야간에는 3명의 당직 간호사(On Call)가 배치되어 응급 수술을 담당하였다.

1980년 5월 18일은 일요일이어서 당직간호사 3명이 근무하고 있었는데 곤봉, 돌로 인한 타박상과 자상환자들의 응급 수술이 갑자기 밀려들어 오면서 인력이 부족하게 되자 소독 간호사 없이 의사들끼리만 수술이 진행되기도 할 정도였으며, 그날 하루 종일 응급 수술이 계속되었다고 한다.

일반적으로 정규와 응급을 포함한 모든 수술 스케줄은 수술 접수 장부에 기록을 하는데 정규 수술이 많이 취소되고 응급 수술이 대부분이었던 5·18 민주화운동 기간 동안에는 수술 접수 장부를 별도로 만들어 사용했던 것으로 기억된다.

5·18 전개과정에 따라 환자 부상 종류도 달라졌던 것으로 기억되는데 20일 오후부터 부상자가 많아지고, 석가탄신일인 21일 도청 앞 발포로 총상환자가 많이 왔던 것 같다. 수술 중에 총소리가 나면 수술팀은 일제히 수술 테이블 밑으로 몸을 숙이고 대피를 하다가 잠잠해지면 다시 일어나 수술을 하곤 했다.

화순으로 통하는 현재의 제봉로 쪽 7, 9수술방은 총소리가 많이 들려 특히 무섭게 느껴질 때가 많았는데 실제로 9번방에 실탄이 들어와 수술 중이던 김신곤 교수님의 발목을 스치고 경미한 흔적을 남긴 아찔한 순간도 있었다.

원래 수술 중에 소독간호사는 수술대를 떠날 수 없으므로, 순환간호사가 수술 상황을 보며 필요한 기구나 재료를 공급해 주어야 하는데 당시에는 순환 간호사가 부족하여 소독간호사가 직접 다니며 부족한 재료를 얻어다 사용하곤 했다. 수술에 사용하는 재료가 부족하여 거즈나 패드도 재활용하여 사용했는데, 병동 수간호사들이 수술실에 와서 재료준비에 많은 도움을 주었다.

세탁실에서 삶아 세척하여 보낸 거즈, 패드를 한 장씩 반듯이 펴서 중앙공급실로 보내 건조를 시키고, 건조된 거즈나 패드를 수술실에서 다시 3개나 10개 묶음으로 종이에 포장하고, 실크 봉합사를 번호 별로(3번사~6번사) 고무 대롱에 감아 소독용 종이에 포장하여 소독 보낼 준비를 하는 등 정말 많은 손이 필요한 작업을 도와 주어 그나마 수술 재료 공급을 할 수 있었다.

5·18기간 동안 수술실 간호사들 대부분은 집에 가지 못하고 수술실에서 숙식을 해결했다.

당직 근무자는 퇴근 후 수술실 옆에 있는 당직실에서 자고, 주간 근무자들은 야간에 사용하지 않는 수술실 내 공간(기구방, 소독물 운반용 승강기실 등)에서 잠을 잤었는데 군인들이 병원 내부에 최루탄을 쏜 후 당직자들도 아예 수술실 안에서 지냈던 것 같다. 식사도 수술실 내에서 해결했는데 나중에는 음식이 부족해서 비스킷을 먹었던 기억도 있다.

나는 집이 병원과 가까운 동명동이어서 출퇴근이 가능했다. 그러나 위험을 무릅쓰고 출퇴근을 하려니 간호사 유니폼을 입고 도청 쪽을 피해서 멀리 돌아서 다녔다. 당시에는 직원 신분증이 없었는데 이때를 계기로 신분증의 필요성이 대두되었던게 아닌가 싶다.

당시 긴박했던 상황이 어느 정도 정리된 후에는 다른 간호사들도 집에서 출근을 하였는데 대부분 걸어서 출퇴근을 했으나 결근하는 사람들은 없었다.

일어나서는 안 될 일, 일어나지 말았어야 할 일이 그때 광주에서 일어났다. 나는 이전에 정치에는 관심이 없었고 간호사로서 내게 주어진 일에 충실하게 살아가는데 아무런 어려움이나 고뇌가 없었지만, 그 때 보고, 듣고 또 직접 체험했던 처참한 일들이 나를 조금이나마 변화시켰던 것 같다.

1980년 이후 나는 누군가 광주를 잘못 이야기하고, 그 때의 일을 잘못 전하는 것에 분개하며, 광주의 진실을 이야기하고 있다.

26

계엄군 응급실에
최루탄 3발 쏘기도

노 은 옥
1980 - 전남대학교병원 응급실 간호사
2017 - 전남대학교병원 간호사

군인 단속 피해 일부 대학생 병원으로

1979년 6월에 전남대병원에 입사한 나는 1980년 5·18민주화운동 당시 응급실 간호사로 재직 중이었다.

당시에는 응급실이 넓었는데 한 근무당번(Duty)이 2~3명에 불과할 정도로 인원이 적었다. 입사 초기에는 점심도 거의 못 먹었고, 몸이 아플 정도로 힘들었다는 기억이 있다.

병원의 병상 수는 정확히 알 수 없지만 600병상 가량 됐던 것 같고, 응급실은 30~40병상에 달했던 것으로 기억된다. 나는 일반 간호사(acting nurse)로서 서열로 보면 높지 않았다.

5·18민주화운동 이전에 시내 도청 일원에서는 시위가 자주 있었다. 나는

이 글은 광주광역시간호사회가 2011년 구술을 기술한 「5·18민주화운동과 간호사」를 구술자가 정리한 글이다.

박○○ 전남대 총학생회장이 주도하는 시위를 보기도 했는데 그 때만 해도 경찰이 적극 진압하고 심하게 폭력을 휘두르거나 하는 상황은 없었다.

5월 18일, 긴장 상황이 발생했다는 것을 체감하지 못했다. 일요일이었는데 선배의 결혼식에 참석도 하고 시내에 나갔는데 큰 소요 사태에 대한 기억이 나질 않는다.

이어 19일인지는 정확하지 않는데 대학생이었던 남동생과 영화를 보러 갔다. 광주극장으로 기억하는데, 영화를 보고 극장을 나서려고 하니 갑자기 최루탄 가스가 날아 들었다. 급하게 영화관 안에서 1~2시간 가량 피해 있다가 충장로에 나왔더니 사람이 거의 보이지 않는 것이었다. 그 때 인근 상점의 한 아줌마가 "어! 대학생인데 어떻게 여기 지금 나와 있느냐. 지금 전부 다 잡아 갔다. 얼른 애 데리고 빨리 들어가라."고 했다. 그래서 얼른 택시를 잡고는 동생의 고개를 숙이게 하고 집이 있는 산수동까지 갔다. 가는 길에 '혹시나 동생이 잡혀가면 어떻게 하나.'라고 몹시 떨었던 기억이 남아 있다.

당시 집에는 남동생 둘이 있었다. 부모님은 해남에 계셨는데 굳이 내가 돌보지 않아도 된다는 믿음이 있었기에 별도로 걱정을 하지는 않았다.

평소와 다르게 큰 일이 발생했다고 느낀 것은 병원 앞에서 군인들을 보았을 때였다. 며칠인지는 기억할 수 없지만 느닷없이 나타난 군인들을 보자 긴장감이 생겼다.

군인은 학생들이 있는지 확인한다며 병원을 수색하기도 했다. 나는 의대 학생들이 있던 기숙사 도서관에서 학생들이 잡혀 갔다는 말을 들었다. 병원에 의과대학 실습학생(poly clinic)이 있어서 소식을 접했던 것 같은데 몇 명이 잡혔는지는 모른다. 그 때쯤 학생 2~3명이 병원으로 숨어 들었고 의사 가운을 입고 의사처럼 행세를 하기도 했다. 학생들은 수색이 끝난 후에도 한 동안 병원에 있었던 것으로 기억된다. 집으로 가더라도 불안하고 언제든 잡혀갈 가능성이 있기 때문이다.

평상시 3교대였던 근무는 환자들이 많아지기 시작한 21일경 이후부터 2교대로 바뀌었다. 나는 5·18 기간 동안 출·퇴근을 하지 못하고 병원에서 생활했다. 3층에 분만실이 있었는데 산모가 오지 않기 때문에 그곳에서 잠을 잤다. 12시간 근무를 하고 남은 시간은 분만실에 머물다 나오는 방식이었다. 환자도 식사가 제공되기는 했는데 응급실 환자의 경우 대부분 밥 먹을 상황까지 되지는 못했을 것으로 생각된다.

총상 환자에 대한 구체적인 기억은 잘 나진 않지만 대량 처치법을 했던 기억은 생생하다. 환자가 갑자기 몰려 들기 시작할 즈음 대창인지, 대검인지에 찔려 뇌가 나와 있던 환자를 보았다. 하지만 그 환자는 살릴 수 없는 것으로 분류돼 소수술실 옆에 있던 넓은 방에 옮겨졌다. 그 곳은 당장은 살아있지만 죽음을 기다리는 사람들로, 당시 5~6명이 있었던 것으로 기억된다.

증상을 보아 수술이 필요하다고 생각되는 환자는 소수술실이나 중앙수술실로 보냈는데 평소 수술 때 실시했던 셰이빙(shaving, 면도) 같은 처치는 이뤄지지 못했다.

환자는 '계림 남' '○○ 여' 식으로 지명과 성별을 붙여 명명하기도 했다. 보호자들은 거의 없었으며 대부분 시민들이나 동료들이 데려온 환자들이었다. 의식이 있는 환자들을 대상으로 한 차트나 응급일지는 작성했을 것으로 생각되는데 정확한 기억은 없다.

헌혈실 길게 줄 선 시민 수백명

간호사는 2교대로 근무를 변경했지만 인원이 부족해 외래 등지에서 파견을 왔다. 의사는 평소 2명이 있었는데 당시는 전체 의사들이 응급실에 집중했던 것 같다. 상주하는 의사가 10여 명에 달했는데 전공의(인턴·레지던트)가 주로 있었고 소수술실에는 계속 수술이 이뤄지고 있었기 때문에 그곳에 교수님들이 있었을 것으로 생각된다.

수술을 한 후에는 그 곳에 계속 있을 수 없으니까 병동으로 옮겼을 것으로 본다. 25일이나 26일경에는 응급실 환자들이 많이 줄었던 것 같다.

출혈 환자들이 많았지만 혈액이 부족하지는 않았다. 피가 부족하다는 이야기를 듣고 광주 시민들이 몇 백 명씩 몰려와 헌혈실 앞에 길게 줄을 서 있는 모습을 보기도 했다.

21일 계엄군이 나가기 전에 퇴로를 확보하기 위해 총을 쐈다는 이야기를 들었는데 3층 수술실에도 총알이 날아왔었다. 정확한 날짜는 모르지만 중간중간에 총알이 날아 오기도 했다.

한 가지 기억나는 것은 비가 2~3일가량 왔었는데 시민군이 비옷을 입고 나타난 일이다. 우리는 무섭다고 느꼈는데 시민군은 총이나 총알 등을 대수롭지 않은 듯 들고 다녔고 사무실 한 켠에 놓아 두었다가 다시 찾아가고는 했다.

나는 근무가 아닐 때는 혼자 밖에 나가 이 곳 저 곳을 둘러 보았다. 호기심이 많은 나이여서인지 도청 앞에도 갔고, 병원 영안실이나 상무관을 가보기도 했다. 군인들이 물러난 뒤 상무관에 갔을 때는 관 몇 십 개가 길게 놓여있었고 태극기가 덮여 있는 것을 보았다.

기독병원에도 간 기억이 있는데 아마도 우리 병원과 비교해 보러 가지 않았나 싶다. 다른 사람의 도움으로 알게 된 사실이지만 그 날이 5월 20일경이었나 보다. MBC 사옥이 불타는 모습을 보았고 시민들이 방어벽을 치고 시위하는 모습을 보기도 했다.

계엄군 응급실에 최루탄 3발 쏘기도

총상 환자가 왔을 경우 그와 관련한 대처 방법으로 별도의 지시가 있었던 것은 아니다. 응급실에서는 혈압과 드레싱, 주사 등의 기본 처치를 하고 바로 수술하러 갔기 때문에 특별히 기억나는 일은 없다. 군인들이 빠져 나가고 사상자가 없을 때에는 응급실에 환자가 몇 명 되지 않았다.

© 나경택

계엄군들이 마지막 들어올 때의 모습은 영화의 한 장면처럼 지금도 생생하다. 새벽이 었는데 나는 3층 분만실에서 커튼을 젖히고 우연히 그 광경을 보게 됐다. 군인들은 탱크를 앞세워 양쪽으로 발을 맞춰 들어 왔다.

당시에는 물품이 부족하지는 않았다. 잠시 피가 부족하다는 이야기가 있었는데 앞에서 언급한 것처럼 시민들이 많이 찾아와서 해결할 수 있었다. 나중에는 되레 남았다는 이야기를 들을 정도였다.

며칠인지 모르겠지만 계엄군이 최루탄 3개 가량을 응급실에 던진 일이 있었다. 얼른 밖으로 나갔어야 하는데 거꾸로 안으로 들어가는 바람에 최루탄 가스를 마시고 심한 고통을 겪어야 했다. 가까운 신경외과를 찾아가 수차례 씻고서야 정신을 차릴 수 있었다.

계엄군들이 마지막 들어올 때의 모습은 영화의 한 장면처럼 지금도 생생하다. 새벽이었는데 나는 3층 분만실에서 커튼을 젖히고 우연히 그 광경을 보게 됐다. 군인들은 탱크를 앞세워 양쪽으로 발을 맞춰 들어 왔다.

어제 일처럼 선명한 게 정작 '트라우마'

5·18민주화운동 때 상처를 입고 상당히 오랜 기간 치료가 필요한 사람 가운데 기억나는 사람은 이○○ 씨이다. 그는 1980년 5월에 부상을 당해 1982년까지 전남대병원에 장기 입원했었다. 이○○ 씨는 응급실이 아닌 일반 병동에서 자주 만나고는 했다.

나는 5·18이 끝나고 나서도 한동안 내 자신의 경험을 다른 사람에게 이야기 한 적이 없었다. 너무 무서워서였는지, 아니면 충격이 너무 커서였는지 모르지만 누군가와 서로 이야기 하지는 않았던 것 같다.

당시에 대해 편하게 이야기하기까지는 10~20여 년이 걸린 듯하다. 텔레비전이나 매스컴을 통해 다큐멘터리 등을 볼 수 있었는데 당시 현실을 충분히 반영하지는 못했다는 생각이 들었다.

5·18이 끝나고 10여 년이 지난 후에 수간호사 모임이 있어 거제 외도에 간 일이 있었다. 그 때 광주에서 함께 간 우리 일행은 황당한 이야기를 들었다. 배에 탔던 그 지역 사람들이 "아직도 김대중 사진을 집안에 모시고 사느냐?"

고 묻는 것이었다. 우리는 강하게 부정하면서 5·18민주화운동의 진실을 이 야기 했지만 쉽게 믿으려 하지 않았다. 나는 타 지역 사람들이 광주와 5·18 에 대해 잘못 알고 있는 부분이 많다는 것을 알고 한동안 충격 속에서 헤어 나지 못했다.

당시 응급실 간호사뿐만 아니라 전남대병원 간호사들은 모두 위기 상황에 잘 대처했다고 생각한다. 개인적으로는 충격을 받아서 5·18 이전의 상태로 돌아오는데 2~3년이 걸렸던 것 같다. 또다시 그런 일이 발생한다면 그 때처 럼 활발하게 돌아다니지도 못할 것이다.

하지만 당시 응급실에 있으면서 시민들과 함께 할 수 있었다는 점은 보람 으로 남는다. 그렇지 않았다면 그 때 그 때 진행되는 상황을 생생히 보지 못 했을 것이기 때문에 다행이라는 생각이다.

5·18 기간 동안 가장 기억에 남는 모습은 대량 처치법이다. 뇌가 드러난 환자…. 그를 포함해 몇 명을 소수술실 옆에 옮겼던 것이 가장 큰 충격으로 남는다. 내가 갖게 된 5·18 트라우마라면 그와 같은 기억을 계속 갖고 있는 것이 아닐까 싶다. 그 때의 기억이 바로 어제의 일처럼 너무 생생하다.

개인적으로 5·18민주화운동 기념 행사 등에 참여한 적은 없지만 구묘역과 신묘역을 찾은 적은 있다. 아이들이 어렸을 때 온 가족이 갔었는데 5·18에 대해 교육을 시키기도 했다.

5·18을 민주화운동이라고 하지 않는가? 전두환 군부독재에 대항해 목숨 을 걸고 들불같이 일어난 민중항쟁이기 때문에 광주시민으로서 긍지와 자부 심을 가질 수 있다고 본다.

27

그 해 봄은
5·18로 기억되다

심 재 연
1980 – 전남대학교병원 중환자실 간호사
2017 – 전남대학교병원 간호부장

1980년 그해는 대학을 갓 졸업한 새내기로 전남대병원에서 간호사로서 첫 발을 내디딘 때였다. 흰 가운과 캡이 의미하는 간호사로서의 사명과 사회적 책임감까지는 아니더라도 의료인으로서 사회생활을 시작하는 그 순간부터 늘 다른 일상이 펼쳐지는 매우 다이내믹한 시간들을 마주할 수 있었다. 당시 전남대학교병원은 국립병원이었고 입사 후 한 달여는 시보 자격으로 5월에 첫 월급을 받았던 것 같다. 사회 초년병으로 받은 첫 월급을 받았다는 기쁨. 첫 월급을 타면 반드시 부모님 속옷 선물을 사드려야 한다는 선배들의 조언에 동료와 함께 병원에서 도보로 5분 거리인 충장로에 들어 섰다.

인접한 금남로 도청 앞은 최루탄이 만연하던 평소의 시위 풍경과는 다르게 평화적으로 행진하는 수많은 학생, 시민, 직장인들이 도청을 향해 행진을 하고 있었던 것으로 기억이 난다.

학생 운동이 전국적으로 일어나던 1980년대 이 지역 대학가와 금남로는 매캐한 최루탄이 뿌려지는 게 일상이었고, 현장을 지나는 사람들은 쫓고 쫓기는 학생과 전투 경찰들의 아슬아슬한 숨바꼭질을 목격하며 재채기와 눈물, 콧물 범벅으로 다녔던 기억이 생생한데 그날은 달랐다. 펑펑 쏘아대는 최루탄도 없었고, 웬일인지 전투경찰들도 일상적인 데모로 인식하는 듯 별 관심이 없어 보였다. 모처럼 평화적인 발언과 행진이 허용되었고 민주화를 열망하는 시민들로 금남로는 금세 넘쳐 났다. 뭔지 모를 불안감을 안은 채.

역시였다. 오후까지 이어지던 평화적 시위는 결국 최루탄이 펑펑 터지고, 이리저리 쏠리는 군중들 사이를 무장한 계엄군이 마구 휘두르는 곤봉에 나뒹구는 사람들, 어린 학생들이 다칠까봐 손을 잡아 주는 시민들, 학생들이 수백 명이라는 소문, 그리고 비상 계엄령이 확대 선포되었다.

계엄군이 들어오던 날의 새벽 풍경은 잊을 수가 없다. 중환자실 밤번(night) 근무 중 규칙적으로 들려오는 '저벅저벅' 소리에 창가로 달려 갔다. 아! 정말 이 도시가, 내가 살고 있는 곳이 대한민국이 맞나?

무장한 군인들이 낮은 자세로 앞으로 한번, 뒤로 한번 사방을 경계하며 남광주 사거리, 우리 병원 담에 바짝 붙어 행군하는 소리였다. 어둠이 채 가시지 않은 새벽에 마주해야 했던 실루엣은 얼마 지나지 않아 사격소리로 오버랩 되었고, 수술실에도 총탄이 날아 들어 그야말로 야전병원을 방불케 하였다.

안심하고 모처럼 평화적으로 민주화를 염원하며 가두행진에 참여하여 선두에 나섰던 학생, 시민 등 수백명이 체포되었다는 소문과 함께 응급실은 밀려드는 환자로 아수라장이 되었고 당시 내가 근무하던 중환자실에는 미처 신원이 파악되지 않은 채 입원하는 환자들로 비상 근무가 시작되었고 휴무인 간호사들은 모두 병원으로 속속 복귀하였다. 밀려드는 환자들 중엔 미처 신원확인이 안된 분들이 많아 입은 옷과 발견된 장소를 붙여 '파추하(파란 추리닝 하의)' '검파상(검고 푸른색 상의)' '무명남(의식이 없어 이름을 물을 수

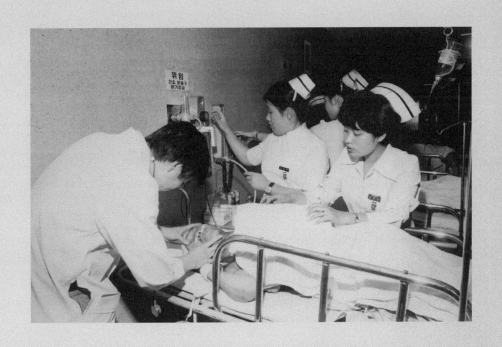

중환자실에는 미처 신원이 파악되지 않은채 입원하는 환자들로 비상 근무가 시작되었고 휴무인 간호사들은 모두 병원으로 속속 복귀하였다.

우리 시민은 우리가 지켜야 한다는 사명감으로, 어쩌면 광주만 고립될 수도 있다는 위기감에도 질서를 유지하고 배려하는 시민정신이 살아있어 어린 나이였음에도 뭔가 민주화를 위해 기여한다는 생각이 들었던 것도 사실이다.

없었던 환자)' '남광녀(남광주역에서 발견된 여자환자)' 등등으로 가족들과 생이별을 하게 된 환자들, 의식이 없으니 본인 이름은 물론 가족들에게 알리는 것마저 어려운 환자들로 북새통을 이루었으며, 당시 10병상으로 운영되던 중환자실은 17~8명을 상회하기 일쑤였고 그야말로 전시의 야전병원과 다름 없겠다는 생각이 들었다. 두부 외상환자, 흉부, 복부외상을 비롯하여 팔, 다리 골절환자로 숨 돌릴틈 없이 보내는 날이 대부분이었지만 가족들 없이 길거리에 쓰러져 시민군이나 시민들에 의해 입원하는 경우가 많아 안타까운 마음이 너무 컸다.

며칠이나 지났을까? 젊은 사람들은 반드시 나이든 어른들과 함께 다녀야만 안심할 수 있었던 때 밀려드는 환자로 밤번 근무 이후에 초번(evening)으로 이어지거나 초번 근무 이후 다음날 주간번(day)으로 이어지는 근무가 다반사였고 집에는 갈 수도 없이 근무와 잠깐의 휴식 모두 병원에서 이루어지던 때였지만 당시 근무하던 우리병원 의료진 누구도 힘들다는 불평은 들어본 적이 없다. 우리 시민은 우리가 지켜야 한다는 사명감으로, 어쩌면 광주만 고립될 수도 있다는 위기감에도 질서를 유지하고 배려하는 시민정신이 살아있어 어린 나이였음에도 뭔가 민주화를 위해 기여한다는 생각이 들었던 것도 사실이다.

대부분 외래 진료는 중단되었다. 들이닥친 계엄군들이 병실 환자 옷장까지 뒤졌던 기억이 생생하다. 간호사들은 어린 학생이나 젊은 사람들은 심하게 아픈 환자로 위장시키기도 하였고, 젊은 청년 보호자들에게도 환의를 입혔던 기억이 있다. 무엇을 찾으려고 했을까? 아마도 몰래 숨어든 시민군, 학생 대표들, 시위 주동자를 찾는다는 이유였던 것 같다. 당시 인턴, 레지던트들도 본관동과 떨어진 숙소에 오가다 사고가 나면 안된다고 하여 중환자실 옆 회복실 운영 예정으로 비워 두었던 방에 임시 숙소를 마련하였고, 중환자실, 병동 간호사들은 텅빈 분만실 일부를 숙소로 사용하였으며, 일부 병동 간호사들 역시 병동 간호사실 장의자에 누워 잠을 청하고 응급실에 밀려오는 환자들 때문에 파견근무를 가곤 했다. 밤 동안에도 총알이 날아들지 몰라 모두 기둥 뒤에 침대를 바짝 붙이고 잠을 청해야만 했었다.

외신기자들도 병원을 찾아 응급실과 병원 곳곳을 취재하는 모습을 볼 수 있었고, 매일 매일 새로운 환자와 암울한 소식이 전해졌다. 사정이 이렇다 보니 숙식을 병원에서 해결해야 했고, 도시 전체의 일상이 흐트러지다 보니 환자 식사와 직원 식사를 동시에 담당해야했던 병원 식당은 식단 마련에 애를 먹었던 것 같다.

27일 사태가 진정되었다는 소식을 접하게 되었다. 막냇동생이 걱정되었던 언니와 형부가 달걀 한 판(30개)과 아이스크림을 사가지고 찾아오셨고, 마침 식사시간이 되어 선배 간호사들과 직원 식당으로 가는 길에 만난 동료의사는 '나중에 치킨 사 줄게요, 달걀 좀 먹읍시다.' 라고 해서 웃었던 기억이 난다.

무명남씨는 끝내 가족이 나타나지 않았고, 중환자실 터줏대감이 되어 앉아 있을 정도가 되어 2차 병원으로 후송되었던 기억이 있다.

가족들 품으로 돌아간 환자도 있지만, 제 이름을 찾지 못하고 사망했던 환자도 있었다. 37년이 지난 지금, 그 순간을 기록하는 것, 기억하는 것 자체가 끔찍한 고통이었음을 기억한다.

서울에 거주하던 내 친구는 '광주 사람들 모두 다락방에 숨어 있었다며? 무사했네…'

언론이 철저히 통제되던 시절이었고, 진실은 고사하고 사실 보도도 어려웠던 시절이었다. 차마 믿지 못하겠다는 친구를 붙들고 어디서부터 어떻게 설명을 해야할지. 드문드문 얘기하다 좀 심하게 싸우고 내려 왔던 기억이 있다.

28

시민들의 헌혈로
부상자를 살리다

조 기 학 · 모 상 광 · 김 영 주
1980 – 전남대학교병원 임상병리사
2017 – 전남대학교병원 명예직원

매혈에서 헌혈로, 전남대병원 혈액원 오픈

1974년 4월 1일자로 대한적십자사는 그 동안 매혈로 혈액 사업을 해오던 체제를 헌혈만을 취급하기로 방향을 변경했다. 매혈이란 사람에게 일정한 금액을 지급하는 것이고 헌혈은 시민이 자발적으로 참여하는 것이다. 당시만 해도 세계의 많은 나라가 매혈에 의지하고 있었고 미국, 일본, 호주 등 몇몇 나라만이 헌혈로 필요 혈액을 충당하는 시절이었다. 우리나라도 미래를 위해서는 정책적 전환이 필요하다는 인식을 갖고 시작한 일이었다.

전남대병원에서는 1979년 11월 14일에 혈액원을 오픈했다. 시민들의 인식 변화와 동참을 촉구하기 위해 병원 간부들이 솔선수범하여 헌혈 대열에 나섰다. 전남대병원 혈액원 첫 헌혈자는 조영국 병원장님이었다. 두 번째로 유주용 과장님, 세 번째가 간호과장, 그리고 혈액원 담당자로 김영주가 헌혈을 했다. 다섯 번째는 원무과장, 여섯 번째는 내과과장, 그리고 그 뒤로 각 과

과장들이 동참했다. 아마 그때 헌혈했던 사람과 기록이 남아 있을 것이다. 외부인사로는 광주법원, 지검의 판·검사들이 참여했다. 우리가 모범을 보여야 일반인들의 헌혈 인식이 확산될 거라는 의도에서 나선 것이다.

시민들의 헌혈로 부상자 치료하고도 남아

전남대병원에 혈액원이 생긴지 6개월 후 5·18민주화운동이 일어났다. 5월 21일에는, 환자들이 갑자기 밀려 들어 복도와 밖에까지 꽉 찼다. 혈액이 턱없이 부족했다. 아직 통신이 두절되지 않을 때라 직원들 가족이나 지인들에게 헌혈을 해달라는 전화를 하고 임상병리과 직원은 물론 원무과 직원들도 헌혈을 하겠다고 나섰다. 그래도 혈액은 부족했다. 그러자 임상병리과 직원 중 오숙명 선생이 다른 혈액원에서 혈액을 가져 오기 위해 나갔다. 그때는 구급차도 없어서 시민군 트럭을 타고 적십자 혈액원이나 다른 혈액원으로 돌아다니면서 혈액을 수합해 왔다. 시민군 트럭을 타고 혈액을 가지러 다닐 때 총알이 날아다녔다고 한다. 그렇게 힘들게 혈액을 공급해왔다.

그래도 부족하니까 시민군 방송과 광주MBC, 광주KBS를 통해 "피가 모자라 사람들이 죽어가고 있다."고 알렸다. 방송 후 사람들이 너 나 할 것 없이 헌혈을 하겠다며 모여들어 병원 복도는 물론 현관 밖 분수대 있는 곳까지 길게 줄을 서서 기다렸다. 그때 헌혈해 준 사람들이 많아서 부상자들을 치료하고도 혈액이 남아서 타 지역으로 보내기도 했다.

헌혈을 하러 온 시민들의 헌신은 대단했다. 그때는 교통이 두절되었는데 화정동에 산다는 어떤 사람은 자신이 자전거를 타지 못하니까 화정동에서 전남대병원까지 약 4~5km 거리를 걸어왔다고 했다. 그때는 광주 시내를 걸어 다닌다는 것 자체가 아주 위험한 일이었다. 자칫 군인들한테 잘못 걸리면 대학생으로 오해 받아 끌려가던 시절이었다. 그가 병원을 향해 올 때 충장로 입구에서 군인들이 학생인가 일반인인가를 검사했는데 그것을 피해서 골목

골목으로 해서 왔다고 했다. 당시 광주 시민들은 모두 한 마음이었던 같다.

24시간 비상 근무

임상병리과 직원들은 주야간 모두 근무를 하는데 야간에는 2명이 근무를 한다. 1980년 5월 21일에도 그랬다. 그런데 그날 갑자기 환자가 몰려들고 헌혈을 해야 할 상황이 벌어지면서 임상병리사 2명 가지고는 해결할 수가 없었다. 그래서 전남대병원에서 가까운 직원들에게(당시 임상병리과 직원은 모두 15명이었다) 연락을 해서 나오게 했는데 그때 근무했던 사람들은 이 일이 끝날 때까지 24시간 비상 근무를 했다. 간호사들도 출퇴근할 상황이 아니어서 3~4일 동안 병원에서 숙식을 해결했다고 했다.

사람들이 헌혈을 하려고 오면 일차적으로 혈액형 등의 검사를 했다. 사람들은 줄을 서서 기다렸다. 한 사람당 최소한 10~20분 정도가 소요되었다. 헌혈을 하려는 사람들이 현관이며 병원 복도에 꽉 차서 헌혈하려는 사람은 많고 인력은 부족해서 안에서는 간호사나 임상병리사들이 헌혈을 도왔고 밖에서는 원무과 직원들이나 다른 직원들이 도와 주었다. 당시의 상황에서의 헌혈은 밤중까지 계속 되었다. 헌혈 후에는 침상에 5분여 동안 누워 있어야 하는데 서서 기다리는 사람들이 워낙 많아서 그냥 바닥에 앉아서 휴식을 취했다. 당시 침상은 서너 개 밖에 없는 상황에서 서로 협력하면서 헌신하였다.

그렇게 임상병리과에서는 헌혈된 혈액을 공급하는 검사와 기타 검사 업무를 시행하는데 근무 도중 진압군이 들어오면서 들리는 총소리에 놀라 직원 3명이 시약 창고로 무작정 숨었다. 당시 시약 창고의 문은 한번 닫히면 안에서는 열 수 없는 구조였다. 시약창고의 온도는 영상 섭씨 8도였는데 밖에서 누가 문을 열어주지 않으니까 추워서 죽을 뻔 했는데 다행히 누군가가 시약 창고 문을 열어 주었다고 한다. 당시는 그렇게 위급했다. 또한 군인들이 총을 메고 병원 현관에 서 있어서 분위기가 무서웠다.

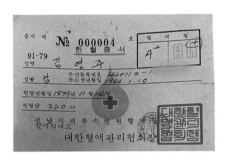
1979년 11월 14일 전남대병원 혈액원 개소 당시 헌혈증서

만약 헌혈이 없었더라면

군인들이 화순 방향으로 갈 때 '수술하고 있는 수술방 옆에다 총을 갈기고 갔다. 지금은 리모델링을 해서 없지만 그 전에는 수술실 옆 건물 3, 4층에 총자국이 있었다. 그것을 보고 사람들이 버스 타고 가다가 '오, 저기 5·18 때 총구멍이다. 총구멍이다.'라고 하는 것을 듣고 봤다.

당시 시민군이 전남대병원 옥상에 기관총을 설치했다는 소리를 들었다. 군인들을 철수하게 하려고 여기서 도청 위로 총을 쏘았다고 했다. 아마 그런 것들로 인해서 화순으로 철수하다가 총격을 하지 않았나라고 생각을 하였다.

전남대병원 헌혈실에서는 헌혈한 사람들에게 헌혈증을 발급해 주었다. 그렇게 시민들이 자발적으로 헌혈을 할 수 있는 시스템을 구축한지 6개월 만에 5·18이 일어났다. 전남대병원 혈액원과 헌혈실이 얼마나 유용하게 잘 쓰여 졌는지 모른다. 만약에 시민들의 자발적인 헌혈이 없었더라면, 5·18 당시 환자 치료는 더 많이 힘들었을 것이다.

5·18, 10일간의 야전병원 발간위원회

발간위원장

윤택림　전남대학교병원 원장

발간위원

김형준　화순전남대학교병원 원장
민용일　빛고을전남대학교병원 원장
황인남　전남대학교치과병원 원장
윤명하　전남대학교병원 진료처장
나국주　화순전남대학교병원 진료처장
이관봉　전남대학교병원 사무국장
안영근　전남대학교병원 기획조정실장
이정길　전남대학교병원 교육수련실장
윤경철　전남대학교병원 홍보실장
주재균　전남대학교병원 의료질관리실장
이근배　전남대학교병원 의생명연구원장
허　탁　전남대학교병원 응급의료센터소장
박종태　전남대학교병원 법무지원실장
심재연　전남대학교병원 간호부장
정경희　전남대학교병원 약제부장
송호천　전남대학교 의학박물관장

감수위원

황태주　전 전남대학교병원 원장
김상형　전 전남대학교병원 원장
이숙자　전 전남대학교병원 간호부장
최영자　전 전남대학교병원 간호부장
정수만　전 5·18민주유공자유족 회장
송한용　전남대학교 5·18 연구소 소장

실무소위원

윤경철　홍보실장
임정옥　진료비심사과장
김환철　진료행정과장
설낙순　총무과장
전형창　홍보팀장
서승원　대외협력팀장
이인근　비즈인대표

출판·디자인

(주)비즈인

초판 1쇄 인쇄 2017년 4월 25일
　　2쇄 발행 2017년 5월 8일
　　3쇄 발행 2017년 6월 20일
　　4쇄 발행 2020년 7월 10일

발행인 전남대학교병원장
발행처 전남대학교병원
　　　　61469 광주광역시 동구 제봉로 42
　　　　Tel. 062-220-5091　Fax. 062-222-8092
　　　　www.cnuh.com
출판 · 디자인 (주)비즈인 Tel. 062-236-3103
등록번호 제359-2005-023호
도움 작가 김만선, 설연화, 정명혜, 박세미

값 12,000원 ISBN 978-89-961902-6-4 03900